Zapata

W0115308

Novela histórica

Biografía

Pedro Ángel Palou nació en Puebla (México) en 1966. Ha sido promotor cultural, periodista, árbitro de futbol, chef, conductor de televisión, actor de teatro, académico y administrador de educación superior (fue rector de la Universidad de las Américas y secretario de Cultura de su estado natal). Es autor de cuarenta libros, entre los que destacan *Amores enormes* (Premio Jorge Ibargüengoitia), *Con la muerte en los puños* (Premio Xavier Villaurrutia), *En la alcoba de un mundo*, *Paraíso clausurado*, *Malheridos*, *La Casa de la Magnolia*, *Demasiadas vidas* y las novelas históricas dedicadas a Cuauhtémoc, Morelos, Zapata, Pancho Villa, Porfirio Díaz y Lázaro Cárdenas.

Ha recibido varios doctorados *honoris causa* en América Latina y es doctor en Ciencias Sociales por el Colegio de Michoacán, y profesor visitante en la Sorbona, París V René Descartes, en la Universidad Iberoamericana y en Dartmouth College. Como parte de su preocupación académica ha publicado *La culpa de México* y *La casa del silencio. Aproximación en tres tiempos* a Contemporáneos (Premio Nacional de Historia Francisco Xavier Clavijero, 1998).

En 2009 fue finalista del Premio Iberoamericano Planeta-Casa de América de Narrativa con la novela *El dinero del diablo* que fue publicada con gran éxito en 22 países de habla hispana y traducida al francés y al italiano.

Condujo con Felipe Pigna la serie de televisión *Unidos por la Historia*, sobre el Bicentenario, para *The History Channel*.

Pedro Ángel Palou
Zapata

🌐 Planeta

© 2006, Pedro Ángel Palou

Derechos reservados

© 2019, Editorial Planeta Mexicana, S.A. de C.V.
Bajo el sello editorial BOOKET M.R.
Avenida Presidente Masarik núm. 111, Piso 2
Colonia Polanco V Sección
Delegación Miguel Hidalgo
C.P. 11560, Ciudad de México
www.planetadelibros.com.mx

Diseño de portada y de colección: Music for Chameleons / Jorge Garnica
Ilustración de portada: Music for Chameleons / Jorge Garnica

Primera edición en formato epub: noviembre de 2011
ISBN: 978-607-07-0747-6

Primera edición impresa en México en Booket: abril de 2019
ISBN: 978-607-07-5865-2

No se permite la reproducción total o parcial de este libro ni su incorporación a
un sistema informático, ni su transmisión en cualquier forma o por cualquier
medio, sea éste electrónico, mecánico, por fotocopia, por grabación u otros
métodos, sin el permiso previo y por escrito de los titulares del *copyright*.

La infracción de los derechos mencionados puede ser constitutiva de delito
contra la propiedad intelectual (Arts. 229 y siguientes de la Ley Federal de
Derechos de Autor y Arts. 424 y siguientes del Código Penal).

Si necesita fotocopiar o escanear algún fragmento de esta obra diríjase al
CeMPro(CentroMexicanodeProtecciónyFomentodelosDerechosdeAutor,
http://www.cempro.org.mx).

Impreso en los talleres de EDAMSA Impresiones, S.A. de C.V.
Av. Hidalgo núm. 111, Col. Fracc. San Nicolás Tolentino, Ciudad de México
Impreso y hecho en México – *Printed and made in Mexico*

Para Carlos Fuentes y Silvia Lemus,
dos ángeles hermanos,
desde el cariño y la admiración

La tierra se reparte con un rifle.
No esperes, campesino polvoriento,
después de tu sudor la luz completa
y el cielo parcelado en tus rodillas.

Pablo Neruda,
Canto General

TORMENTA DE HERRADURA

(1909-1914)

Todos los corridos cuentan idéntica historia, vienen a decir lo mismo: que finalmente vamos a morir. El corrido nos lo dice, nos hace conscientes de lo inevitable de la muerte. No importa que el hombre se percate o no o que viva sus días para justificar una canción. Hay algunos que a partir de cierto momento de la vida intuyen su corrido y obran en consecuencia, otros desde que nacen ya lo saben y unos más nunca logran conocerlo. Son los más trágicos, pareciera que siempre estuviesen luchando en contra de sí mismos, como si nunca supieran quiénes demonios son.

Se podría decir que hay un bardo o un juglar o un bufón dentro de cada uno. Al menos alguien que puede llegar a saberse la tonada y a cantarla para otros. Aunque el camino es uno no hay dos que lo vean igual. Piensan distinto, creen que viven para propósitos ajenos. No es cierto. Sólo hay una historia así como sólo hay un camino y es él quien nos cuenta.

Es el camino el que cuenta la historia, no los hombres. Eso lo sabe el corrido. Sólo hay una ruta. Las vidas fluyen aparentemente insensatas y como enloquecidas por todas las veredas de todas las montañas que desembocan en el mismo lugar. Un lugar lleno de huesos y fosforescencias, seco como la mala tierra y caliente como el rescoldo de una fogata en el sur. Allí ya no aparece el sol de todos ni se oculta dorado entre las montañas porque la oscuridad es única y eterna.

Por eso es inútil que yo cante ahora, que quiera servirles a ustedes con otro corrido, con otra historia. No hay historia verdadera porque el pasado es una disputa entre partes contrarias. Y el que cuenta no es un árbitro de la contienda. ¿Cuál de las historias verdaderas narrar ahora? El pasado se quedó allí en las montañas. Allí terminó el cuento y comenzó el corrido.

Lo visto nunca sobrevive al testigo.

I

Ah, se trata de Anenecuilco, lugar donde las aguas corren. Se deben atravesar montañas y caminar leguas para llegar allí. Al pueblo. Hay una reunión, muchos hombres. Discuten o dialogan. Habrá una votación. Es otoño, aunque en Anenecuilco las estaciones apenas si existen. Todo el mundo está quieto, como dormido. Hay polvo, arena que se levanta, enfurecida. El viento la esparce por el camino, seguro de que a nadie pertenece. Todo, de pronto, se detiene. Hasta la tierra guarda un respetuoso silencio frente a esos hombres que no sonríen.

¿Qué peso puede tener una palabra, dignidad, cuando la vida se derrumba y nada existe?, piensa Emiliano mientras recibe el cargo. Lo han nombrado jefe del pueblo. El consejo de ancianos así lo ha decidido y él no puede rehusarse. Toma las escrituras, los títulos de propiedad de las tierras porque sabe que allí se encuentra cifrado el futuro, en un oscuro pasado que por ahora le es inescrutable. Dará la vida por ellas, las guardará con recelo. No tienen nada, ni siquiera son dueños del polvo. Casi sagradas, las escrituras. ¡Bien valen la vida! La sombra de las arcadas de atrás de la iglesia los protege del sol. Es domingo y no se escuchan las campanas llamando a misa. Ese día no hubo repique. No quieren que los hacendados se enteren de la reunión. Su padre se lo dijo antes de morir de pulmonía, once meses después de que falleciera su madre, él apenas de dieciséis años. Lo que te pido es que veas por tus hermanas y por las tierras.

Hay que proteger los títulos, lograr que se haga justicia. Apenas un mes antes de ese 12 de septiembre de 1909, Emiliano Zapata había cumplido treinta años y ahora José Merino, su tío, *calpulelque* de Anenecuilco y los otros viejos, le dicen que el pueblo necesita representantes jóvenes.

Son casi ochenta hombres allí, cubiertos apenas del sol. Muchos son parientes, pero otros se saben rivales. No importa en ese momento. El presidente del concejo lleva la voz cantante.

El mejor servicio que podemos hacerle a Anenecuilco será renunciar, ha dicho José Merino, antes de la elección. Y explica sus razones con esmero. Es tal vez la última ocasión que habla frente a tanta gente.

Lo que menos se necesita es prudencia, tercia don Carmen Quintero, se requiere fuerza, valentía. Coraje, pues.

Alguien propone a Modesto González. Tiene sus seguidores, qué duda. Algunas manos se levantan. Bartolo Parral señala a Emiliano Zapata. Éste, por cortesía, escupe el nombre del propio Parral. Entre los tres se dirime. Emiliano se lleva la votación por treinta votos más del que le sigue, González. Los del pueblo lo conocen. Por bravucón, es cierto (a los 18 se peleó con la policía y tuvo que irse a esconder a Puebla), pero también porque los jóvenes lo siguen. Él organizó la campaña a favor de los leyvistas y participó en la manifestación en Cuautla en contra de Escandón. Y aunque Escandón es gobernador electo todos saben que, como es costumbre, no es legítimo. Otra imposición del presidente Díaz y de los hacendados que hacen su santa voluntad en Morelos. Por eso piensan en alguien bragado, de tamaños, vamos.

Acepto el difícil cargo que se me confiere, pronuncia a voz en cuello, y espero que me brinden su apoyo para lograr nuestros propósitos.

Se escucha un grito que viene de atrás.

Nosotros te sostendremos, sólo queremos que haya un hombre con pantalones que nos defienda.

Hay aplausos después de la votación y José Merino lo abraza y le habla sobre su nueva responsabilidad. Se empiezan a desperdigar los hombres como hormigas por el polvo. El polvo que es de nadie. Caminan un poco, se alejan. Unos regresan a sus casas y otros van por un trago. La sed es mucha, nada la aplaca.

Emiliano cierra los ojos y le asalta la duda, ¿será lo valiente que se necesita? ¿Podrá defender a esos hombres que han depositado sus esperanzas en él frente a los hacendados que tan bien conoce y que tanto poder tienen? Su hermano Eufemio, malo para expresar sus sentimientos, le da un apretón de manos, le dice Felicidades, Miliano, y abraza a los nuevos miembros del concejo, Franco, Eduviges Sánchez, José Robles y Rafael Merino, su primo y tesorero de la junta.

¿A eso, a hacerse cargo de la justicia de su pueblo regresó a principios de 1909 después de su segunda ausencia? No lo sabe. No sabe nada. Está solo. Lo abrazan y le invitan unas copas. Pero sabe que ése es ahora su destino: estar solo.

Es el nuevo *calpulelque*.

∗ ∗ ∗

Todo se paraliza entonces en la vida de Emiliano Zapata y de su secretario, Francisco *Chico* Franco. Se pasa el día leyendo los papeles de las tierras en la iglesia, escudriñándolos como a las nubes, en busca de sosiego, de que termine el temporal que Anenecuilco ha vivido por siglos. Y no logran descifrar los nombres antiguos, por lo que Zapata envía a Franco a Tetelcingo. Sólo el cura, originario de Tepoztlán, puede traducir los nombres indígenas. Se encierra en la sacristía con los viejos, con los otros que lo acompañarán en la encomienda. Es tiempo de descifrar, de leer, de apoderarse de las cosas por los papeles que las nombran. Son las constancias históricas que contienen los derechos de las tierras de Anenecuilco: una Real cédula del 19 de febrero de 1560, la Merced real del virrey Don Luis de Velasco del 5 de septiembre de 1607, el Ramo de Mercedes reales del 22 de febrero de 1614, el Fundo legal de tierra de indios de 1798 y un mapa topográfico del pueblo. Curiosa manera de poseer ésta, vicaria forma de estar sin estar nunca, de no tener sino un montón de palabras. Pero en esos días no piensa así, las palabras son sinónimo de esperanza, de futuro. Y al encontrar un glifo y luego un nombre náhuatl o tlahuica y después un nuevo apelativo cristiano que corresponde a un lindero, una mojonera, una propiedad, hay algo de hallazgo famélico, pero de hallazgo al fin en los ojos de esos hombres que brillan por unos instantes frente a su nuevo jefe, su nuevo guía, padre de todas las familias de Anenecuilco, Emiliano. Ese nombre allí, se repite muchas veces: Mira, Emiliano. Aquí está lo que buscabas, Emiliano. Desde este lugar, donde termina el monte hasta la vereda, Emiliano. Emiliano. Emiliano.

Apenas diez kilómetros separan a Cuautla de Villa de Ayala y de Anenecuilco. Pero también los desunen siglos de abandono. Pueblo que fue minero, que quiere ser agrícola, cuyas tierras son todas de los hacendados; los de la hacienda de Hospital no los dejan sembrar. Es tierra caliente, propia para la caña. Y ya viene la zafra, de nuevo.

Y esos papeles que tienen ahora entre sus manos, reunidos en la sacristía como cofrades de una secta que bien a bien aún no sabe a quién venera, son su precaria defensa.

Muchos otros, antes de él, han estado allí escrutando, interpretando. Han pasado por manos ásperas y arrugadas y por manos más jóvenes que suaves. Con esos papeles han ido con los importantes, presidentes y gobernadores y todos han prometido hacerles justicia. Feroces soldados que han combatido a todos los enemigos de afuera: Francisco Ayala, por quien el pueblo vecino lleva su nombre, luchó contra los gachupines, cerquita del jefe Morelos, en el sangriento sitio de Cuautla, y Cristino Zapata, del mero Anenecuilco, se batió contra los franceses. Por eso Porfirio Díaz le prometió a José Zapata hace ya tantos años que vería por ellos, que ese asunto de las tierras sería por fin resuelto. Pero nada. Ni una palabra después para respaldar lo dicho. Muchas lluvias desde aquella promesa, incumplida como todas.

Allí están ellos, por treinta días con sus noches, velando lo que esos papeles contienen, desvelando un secreto que no lo es tanto: ellos son los dueños, los verdaderos, no los de la hacienda de Hospital. Ni los de Cuahuixtla. Por ello toman la decisión. El nuevo dueño de la hacienda de Hospital es peor que ninguno. El antiguo fue incluso padrino de bautismo de Emiliano. No se imagina ahora, cuando tiene enfrente todo ese pasado que cargar sobre sus hombros, que en realidad su lucha apenas empieza. Va para largo, como todo lo que de veras cuenta.

Hay que contratar un buen abogado de la capital, una persona de fiar que nos ayude en esto. Reclamar, dicen, lo que es suyo.

A Emiliano no le gusta salir de casa, no le agrada ausentarse de sus tierras. Pero él es y será siempre el elegido, así que alista sus cosas. Esa caja negra vale más que su vida. Pocas verdades más ciertas, más claras: esa caja negra es ya su vida.

Este José Zapata, que no es tu tío abuelo, le informa José Merino, era un *calpulelque* de verdad, como esperamos que tú seas. Peleó con don Porfirio y le pidió ayuda. Habrá sido en 1884. Mira, acá está la copia de la carta que le mandó al Presidente. Puras promesas.

El silencio se queda en el aire unos segundos y tercia Emiliano: miren, fue don Manuel Mendoza Cortina quien se vino a robar toda esta parte del pueblo. Señala otros títulos de propiedad en náhuatl y su traducción recién obtenida por Franco.

Este lado también nos pertenece, dice Eduviges Sánchez.

Todo el pueblo. Pero eso no importa. La hacienda ha seguido comiéndose las tierras de los otros, poco a poco, como una fiera hambrienta. Necesita más caña y espacio para plantar. En todas las ocasiones la cosa ha acabado mal, con las armas. Eso no lo dicen los papeles pero ellos lo saben. Sin embargo están dispuestos a jugársela de nuevo, a ir por lo que es suyo y de nadie más. Al menos no de los hacendados.

Sublime general,
patriota guerrillero
que pelió con gran lealtad
por defender su patrio suelo;
espero que ha de triunfar
por la gracia del Ser Supremo
para poder estar en paz
en el estado de Morelos.

***

Recuerda. Tiene muy buena memoria, de viejo, le han dicho. Era el 15 de junio. Estaban de fiesta y él se había tomado unas copas. Por eso se acuerda del día y del año, 1897, apenas tendría veinte años. Cree que era jueves de Corpus. Lo agarraron unos policías cuando iba de regreso a casa y lo amarraron con una reata para llevarlo a la cárcel. Eufemio se enteró quién sabe cómo y llegó en su caballo hasta la vereda por la que lo conducían a golpes y jalones y mentadas. Eufemio iba acompañado de Juan Sánchez y de una gavilla de amigos. Llegaron como fieras, batiendo la tierra con los cascos de sus caballos, levantando una polvareda de los mil demonios y haciendo toser a los policías medio improvisados que lo habían agarrado para escarmentarlo por pendenciero, por andar buscando bulla, por puro cabrón, pues. Eufemio iba armado y su pistola se puso a escupir balas mientras él les gritaba blasfemias y les decía que se los iba a llevar la chingada, qué carajo tenían que andar agarrando a su hermano que no había hecho nada más que andar de borracho y mujeriego por ahí.

Los policías opusieron resistencia pero los desarmaron rápido. Se fueron corriendo como totoles asustados. Con un cuchillo que siempre llevaba en la bota cortó la reata y lo dejó libre.

Ahora sí nos vamos a tener que pelar de aquí, vámonos para Puebla, que no nos vean ni el polvo, Miliano.

Lo subió en su caballo y agarraron para San Nicolás Tolentino, hasta Matamoros. Se echaron todo el camino en una jornada, sin parar. Los caballos no querían moverse, sedientos y resecos, cuando al fin divisaron la hacienda y bajaron el paso. Los hombres como los animales estaban rendidos. Los recibió don Frumencio Palacios, un viejo amigo de Eufemio, del rumbo de Cuautla. Siempre a la mano, dispuesto, como están los verdaderos compadres. Le explicó la gravedad de lo ocurrido, los temores de que se lo llevaran a la leva y lo mandaran a un cuartel para que se muriera de hambre con la disciplina castrense y los golpes de los oficiales.

18

Emiliano tiene fama de ser bueno con los caballos, dijo Palacios. Seguro consigo que lo tomen como potrerero en Jaltepec. Pero por el momento vayan a descansar. Ahorita les llevan de cenar compadre, faltaba más. A Emiliano le gustaban las mujeres, los trajes y los caballos, sin importar el orden. O mejor sí: los caballos y los trajes para tener más mujeres. Siempre iba vestido de charro como el que más, desde que su tío Cristino le regaló sus primeros pantalones de plata.

Así nos vestíamos los *Plateados*, Miliano. Este traje es pa que aprendas de mis viejos compadres. Te ves muy macho, muy plantado.

¿Pa qué quieres que se vista de bandido?

No de bandido, de justiciero que no es lo mismo.

Estuvieron discutiendo así los hermanos, padre y tío, un buen rato, mientras el nuevo dueño del traje se calaba el amplio sombrero negro y se calzaba las botas.

Con esa vestimenta se acercaba a las muchachas a lomo de su caballo. Y les decía toda clase de piropos y de lisonjas y ellas se ruborizaban y reían quedito y entrecerraban los ojos imaginando que el joven charro se las robaría esa misma noche al amparo de la oscuridad y del frío.

Y a los galanes enamorados
les aconsejo lo que han de hacer
cuando se busquen algún volado
o las bellezas de una mujer.
[…]
Lo que agrade dile al momento
qué lindos ojos tienes mi bien
los que me roban el pensamiento
y son los reyes en el edén.

Más nunca pierdo las esperanzas
esos ojitos míos han de ser
son tan brillantes como me encantan
por tus miradas linda mujer.

También escojan las morenitas
nunca busquen de otro color
como en el prado las margaritas
es color firme y fragante olor.

Su primer caballo, la *Papaya*, era una yegua muy mansa pero muy aguantadora. Antes tuvo una mula con la que aprendió a jaripear y a pelarse de noche a los montes hasta que su casa no era más que un punto pequeño. Un poco de humo del fogón, nada de ruidos. Así cuando se robó el animal de su tía Crispina, a puro lomo lo cabalgó sin riendas a toda velocidad como si lo persiguiera el mismo diablo. Todos en casa muertos de miedo de que el caballo medio salvaje lo dejara tirado con el cuello roto en mitad del monte sólo para verlo regresar como si nada, sudado y muerto de cansancio pero jactancioso.

Pude domarlo al muy cabrón, le dijo a su hermano mayor que ni le contestó para no pelear. Desde los doce su padre le había enseñado a montar y lo reprendía al caerse por torpe. Nunca le dio tregua. Le enseñó a subirse al caballo de un salto y luego a jaripear.

Aprendió a respetar a los *Plateados* de las historias de Cristino a la vez que amar a los caballos. Hombres centauros que sólo desmontaban para comer y que ayudaron a los liberales en contra de los franceses. ¡Cuántas veces escuchó el nombre de Salomé Plascencia y sus caballos! De aquella vez en que asaltaron Chinameca y se llevaron parque, monedas de oro y a una muchacha joven y hermosa. Pero fue su tío quien le contó que al final la lucha de los *Plateados* dejó de tener sentido. A Plascencia lo colgaron. Y ya nadie se acordaba de él como héroe, sino como bandido. Robaban en las carreteras, despojaban a todo mundo. Valientes sí que lo eran, decía Cristino, y a Emiliano se le cerraban los ojos de sueño pero sabía que aguardar un poco le permitiría escuchar la escena final con el jefe ejecutado junto con sus lugartenientes.

Una tarde lo aprehendieron los rurales. Querían que se supiera, que los otros escarmentaran y que se terminara la era de pillaje y miedo. Así que lo colgaron de un cazahuate cerca del río. La cara morada y los pantalones manchados de orín. Siempre se mean cuando los cuelgan, decía Cristino, se les sale el último miedo. Los ojos bien abiertos como si pidiera disculpas. Pero ya nadie podía escucharlo.

Rememora, tiene muy buena memoria, de viejo, le han dicho, esa tarde que siempre le molesta recordar. Está con su padre en una de las huertas. Y don Gabriel llora. Es la primera vez que lo ve llorar. Por todos lados del pueblo hay gritos y los hombres de la hacienda prenden fuego a los jacales y tiran con sus carabinas. ¿Sabes que el miedo se puede escuchar, que se puede oler, que se puede tocar, que incluso sabe a metal amargo?, le dirá muchos años después a Gildardo *Gordito* Magaña, su último lugarteniente. Y Magaña no sabrá qué responder pues a diferencia de la mayoría de sus compañeros revolucionarios su vida ha sido relativamente fácil, de viajes y estudios, antes de unirse a la bola. Magaña presumía en cada borrachera que sin él Villa sería aún más inculto, pues cuando estaban en la cárcel en 1912 le había enseñado a leer. Pero ésta es otra tarde. O más bien son dos, la del recuerdo y ésta, precisa, en la que Emiliano Zapata y Gildardo Magaña se entretienen contando viejas historias. Y es que esa tarde el miedo era algo tan presente como las lágrimas de su padre en medio del caos.

¿Por qué llora?

Olvídelo, Miliano. Esto va a ser siempre así. Otra vez nos están quitando tierras. Vamos a terminar quedándonos sin nada.

Júntense todos ustedes los de pueblo y reclamen las tierras que les han quitado. No las pidan de nuevo, apodérense de ellas. No van a poder si ustedes no se juntan.

No hijo. No sea tonto. Contra los hacendados no puede hacerse nada. Es muy simple. Ellos lo tienen todo y nosotros no tenemos nada.

Deje que yo crezca, papá. Va a ver cómo recupero todas las tierras que nos han quitado.

Quince años tenía Emiliano
cuando le dijo a su padre,

repartiré yo la tierra
un día cuando sea grande.

Quién iba a confiar entonces
en el pequeño gigante,
quien nunca tembló ante nada
al combatir federales.

El padre lo abraza y lo carga. Pero no hay nada festivo en el gesto, ninguna compasión. Pura rabia contenida. De qué sirve la rabia cuando hay tanto miedo. Eso ahora lo recuerda mientras cierra la caja de madera con los papeles y vuelve a esconderla debajo de una escalera de la iglesia, la que lleva al púlpito justo antes de la sacristía. *Chico* Franco le pregunta entonces si tiene miedo y él asiente. Un poco, admite. Pero ya se le irá quitando con los días. Al miedo hay que tirarlo para afuera como a un huésped indeseado. Hay que botarlo.

¿Y no será eso lo que le ha pasado a él, la maldición de llevar a sus espaldas toda la historia del pueblo o será como dicen que es un presagio de la comadrona que lo trajo al mundo un 8 de agosto entre los sudores y el llanto de doña Cleofas su madre? Esa comadrona que vino a ver la marca de nacimiento debajo del corazón, una manita rosada y que entonces dijo.

A este niño le espera un porvenir de lucha y de triunfo pero hay que enseñarlo a ser muy valiente. Pobrecito, repetía la comadrona mientras lo lavaba y lo envolvía. Pobrecito. Pobrecito.

❊ ❊ ❊

Sin embargo, ésa no era la primera ocasión que se metía en política. Primero había ido a la capital como uno de los delegados de Anenecuilco acompañando a don Jovito Serrano, *calpulelque* de Yautepec, a ver a don Porfirio para pedirle que intercediera ante el gobernador por el problema de las tierras. Habrá sido en 1905. La hacienda de Atlihuayán se quería quedar con unas tierras que eran de ambos pueblos, de Yautepec y de Anenecuilco. La conversación con el presidente fue ríspida, llena de riñas y de insultos. Él ya ni recuerda bien qué dijo, pero fue Jovito quien más se enfureció e insultó a Díaz. Lo acusó de traicionar a su pueblo y de ser un *plutócrata*. Fue la vez primera que escuchó esa palabra.

Nada pasó después de esa visita. O sí. Los de Atlihuayán se quedaron con las tierras y los rurales deportaron a Jovito Serrano de Morelos por sedición. El padre de la nación les daba siempre la espalda. Serrano se hallaba ahora en trabajos forzados en las plantaciones de henequén en Quintana Roo y sus seguidores en la cárcel de Cuautla.

Por esos mismos años llegó a vivir a Villa de Ayala un profesor retirado, Pablo Torres Burgos. Vendía libros de segunda mano. En las tardes organizaba tertulias y discusiones en la trastienda de su pequeño local. Otilio Montaño presentó a Emiliano con el profesor de Anenecuilco. Se hicieron amigos. Allí Zapata leyó libros y periódicos, los necesitaba para saber el porqué de su rabia, de su enojo. No sólo era la injusticia sino la impotencia frente a un gobierno que siempre estaba del lado de los poderosos, como todos los gobiernos, leyó en Kropotkin y en el diario *Regeneración*, cuyos ejemplares llegaban con regularidad a manos de Torres Burgos.

A Montaño ya lo había hecho su compadre, le pidió que fuera padrino de bautismo de su hijo Nicolás, el primogénito. Aunque Emiliano no se había casado tenía amoríos con varias mujeres de los pueblos cercanos a Anenecuilco. A Nicolás lo engendró con Inés Alfaro. Para eso traían los *Plateados* una reata, le decía Cristino, pa la mujer que les guste. Y así raptó a Inés en Cuautla y le puso casa. Primero Nicolás y luego dos hembritas. Ésos eran sus tres hijos y él les respondía, a cada rato iba a verlos. No fue fácil, aunque ahora le dé risa. El padre de Inés, don Remigio, lo acusó a las autoridades y lo mandaron a la leva de castigo. Allí estuvo unos cuantos meses. Tiempo de aprender algo de armas.

Puestos de acuerdo los ricos,
—la codicia los reunió—
la leva arrojó a Zapata
al noveno batallón.

Dolor, dolor de la leva,
en marcha la rebelión
cada fusil en la leva
es en pie una maldición.
[...]
Se llevaron a Zapata.
La leva se lo llevó.
No pierdan la fe, muchachos,
¡Viva la revolución!
[...]
Los hacendados dijeron:
Zapata es agitador,
y por eso lo mandamos
al noveno batallón.

Por Montaño Zapata se afilia al Club Melchor Ocampo que Torres Burgos creó en Villa de Ayala, además al Club Democrático Liberal de Cuernavaca.

Allí, en *Regeneración* muchos de sus pensamientos tuvieron palabras para decirse. Leyó en sus páginas algunas frases de fuego que a él mismo lo sacudieron:

¡Mentira que la virtud se anide en los espíritus sufridos, piadosos y obedientes!

¡Mentira que la bondad sea un signo de mansedumbre, mentira que el amor a nuestros semejantes, que el anhelo de aliviar sus penas y sacrificarse por su bienestar, sea una cualidad distinta de las almas apacibles, tiernas, eternamente arrodilladas y eternamente sometidas!

¿Que es un deber sufrir sin desesperarse, sentir sobre sí el azote de la inclemencia sin repeler la agresión, sin un gesto de coraje?

¡Pobre moral la que encierre la virtud en el círculo de la obediencia y la resignación!

¡Innoble doctrina la que repudie el derecho de resistir y pretenda negar la virtud a los espíritus combatientes que no toleran ultrajes y rehusan declinar sus albedríos!

¡Cuánta razón allí, cuánto dolor en la obediencia de sus padres ya muertos desde que él tenía dieciséis años! Y sin Eufemio, que había decidido irse a probar suerte a Veracruz como comerciante.

En ese momento, en diciembre del año del señor de 1908, a los setenta y cinco años, recién electo gobernador por cuarta ocasión consecutiva, muere de un paro cardiaco Manuel Alarcón. Es lo que necesita Morelos, afirma Montaño, para cambiar de aires. Hay que buscar al mejor hombre, dicen todos en los clubes liberales en Ayala, en Cuautla, en Cuernavaca.

Pero las palabras de los hombres nunca son las palabras del único hombre, del Gran Elector. Díaz decide que sea Pablo Escandón el sucesor. Rico efebo, diletante de todos los pasatiempos, miembro eterno del jockey club, educado en Europa y cuya familia era dueña de varias haciendas en el estado. Quizá ni siquiera conoce Morelos, se escribe en *El Diario del Hogar* y otros periódicos. La oposición busca a uno de sus mayores, el gran hombre de Morelos, general laureado que peleó contra los franceses, don Francisco Leyva. Le piden que sea la cabeza y él acepta pero con la condición de que el mayor de sus hijos sea el candidato, Patricio Leyva. Y es que Zapata no puede olvidarse de que Escandón es el dueño de la hacienda de Atlihuayán, la que hace poco se había anexado las tierras de Yautepec.

Corre el mes de febrero de 1909 y todos piensan que vienen nuevos tiempos para Morelos, tiempos más propicios, hasta halagüeños.

Los hacendados se estremecen ante la posibilidad de una contienda verdaderamente democrática en Morelos. Todo es posible en estos tiempos revueltos, murmuran llenos de pánico después de la entrevista que el anciano presidente había dado al periodista norteamericano Creelman donde afirmaba que pronto habría elecciones libres. Y aunque nadie puede creer en la verdad de esas palabras a nivel nacional, nada impedía que en los estados las cosas empezaran a dar de tumbos.

En el *Pearson's Magazine*, James Creelman publica la entrevista al dictador en el castillo de Chapultepec.

Es un error suponer que el futuro de la democracia en México ha sido puesto en peligro por la prolongada permanencia en el poder de un solo presidente, dijo en voz baja Díaz. Puedo con toda sinceridad decir que el servicio no ha corrompido mis ideales políticos y que creo que la democracia es el único justo principio del gobierno, aun cuando llevarla al terreno de la práctica sea posible sólo en pueblos altamente desarrollados.

¿Sabe usted que en Estados Unidos tenemos graves problemas por la elección del mismo presidente por más de tres periodos? Sonrió, y después, con gravedad, sacudió la cabeza asintiendo mientras se mordía los labios.

Sí. Sí lo sé. Es un sentimiento natural en los pueblos democráticos el que sus dirigentes deban ser cambiados. Estoy de acuerdo con este sentimiento.

Existe la certeza absoluta de que cuando un hombre ha ocupado por mucho tiempo un puesto destacado, empieza a verlo como suyo, y está bien que los pueblos libres se guarden de las tendencias perniciosas de la ambición individual, leyeron miles de mexicanos estupefactos, no sabían si se trataba de una broma o de la mente senil de Díaz. Lo cierto es que la entrevista provocó una ola de renovados bríos democráticos.

Las pasiones ocultas de ambos bandos en el estado de Morelos resurgen después de la entrevista como luego de una lluvia benigna, de la roza y quema, de la desesperación y el aletargamiento. El 1 de febrero de 1909 los de la oposición se congregan en Cuautla en un mitin de Escandón. Allí están los de Ayala, unos treinta o cuarenta con Torres Burgos a la cabeza y unos doce de Anenecuilco con Emiliano al frente. Cuando empiezan los discursos deciden acallarlos con piedras.

¡Viva Escandón!, dice el orador Hipólito Olea pero la audiencia le responde.

¡Viva Leyva! y Olea no sabe hacer otra cosa que insultar a la multitud.

Tírenselas al cuerpo, no a la cara, dice Otilio Montaño mientras se agacha por otros guijarros. Los proyectiles vuelan hacia el quiosco de la plaza y a los gritos de ambos bandos siguen los tiros al aire de los policías y la dispersión de la turba antes de ser aprehendida. Pero pueden más las fuerzas federales y de pronto hay más leyvistas en la cárcel de Cuautla que en todo el estado. De nada valen los reclamos. Las órdenes de Díaz habrán de cumplirse de nuevo y el 7 de febrero se declara triunfador a Escandón, quien toma posesión a mediados de marzo.

De nada ha servido pensar en la vía electoral, le dice su amigo Montaño. Más temprano que tarde tendremos que optar por la revolución.

Esa palabra.

La ha oído hasta el cansancio, la ha leído con los ojos fatigados por la escasa luz de las velas. La ha visto en los artículos de Práxedis G. Guerrero, llenos de preguntas como dardos:

¿Por qué, si quieres la libertad, no matas al tirano y evitas de ese modo los horrores de una gran contienda fratricida? ¿Por qué no asesinas al déspota que oprime al pueblo y ha puesto precio a tu cabeza? Porque no soy enemigo del tirano, porque si matara al hombre dejaría en pie a la tiranía y ésa es la que yo combato. La tiranía es la resultante lógica de una enfermedad social, cuyo remedio actual es la revolución.

De nada ha servido aquella reunión pública conseguida con tanto esfuerzo el 31 de enero en la que al fin les permiten ante la queja del Club de Cuautla tener su mitin. El jefe político Dabbadie cedió por pura patraña, tan sólo una mascarada. Y se les prohíbe que la banda toque cuando lleguen en el ferrocarril los oradores leyvistas, y colocan a todos esos rurales cerca de la plaza. Por eso quizá sólo se escuchan vivas al presidente Díaz y aplausos a los dos Leyvas, Patricio y Francisco.

Escandón despide al prefecto de Cuernavaca y llega allí el chacal Higinio Aguilar. Antonio Sedano, principal leyvista de Morelos, es detenido junto con Torres Burgos y Octaviano Gutiérrez de Villa de Ayala.

No hay cargos pero el jefe político no los necesita. Se hace el silencio. El silencio es el gran aliado del miedo.

De nada ha servido nada. Ennegrece el cielo casi sin estrellas. Fríos óleos de luna muriente que apenas y alumbra la vereda imposible, el camino cerrado, la tierra sellada para siempre.

* * *

Es día de fiesta en San Miguel Anenecuilco. Es día de danza.

Los Doce Pares de Francia que también están a cargo del *calpulelque*. Hay mucho aguardiente y corre el pulque por las calles. Casi se han acabado los fuegos artificiales pero cada cuanto se escucha un cuete y un arcoiris de luz salpica el cielo.

A lo lejos hay música y se oyen risas y gritos. Hay que guardar cuerpo para el jaripeo de mañana, para la fiesta que todos han esperado un año.

Carpas de feria. Unos juegan a la lotería. Otros apuestan a los gallos. Él ha ganado unos reales con un jiro bravísimo y no quiere más. Necesita apartarse un rato del ruido. Sube a su montura y se aleja de la plaza cabalgando hacia el norte. No hay viento. Todo se encuentra sorprendentemente quieto, salvo la fiesta. La luna es un plato vacío. Cabalga hacia fuera del pueblo, a donde siempre le ha gustado, en la bifurcación del camino hacia Ayala. Es una hora propicia de sombras largas y noche fresca. Se puede escuchar el jolgorio aunque está ya lejos de él. Apartado.

Y es que necesita estar solo para poder pensar. A lo lejos se escuchan los cascos de unos caballos que se pierden. La fiesta no es sino una ausente salmodia. Necesita esa oscuridad y ese silencio para recordar toda la historia y sentir la suma de todas las vidas de quienes allí abajo se divierten y olvidan.

Él nunca podrá olvidar. Le ha sido encomendado el recuerdo como un pesado grial. Y habrá de cargarlo siempre.

Sin embargo lo que se le aparece enfrente no es la certeza sino la duda. Se siente débil, pequeño como un niño de brazos. Tiene amigos, un compadre que sí sabe hablar como ninguno, Otilio, y suficientes razones para luchar, pero no las fuerzas. Ésas le fallan.

Regresa a casa a pie con la rienda del caballo a su derecha. Pronto se queda dormido, un poco borracho. En el sueño se le aparece su padre que le dice que están quemando el pueblo, todo el barrio de Olaque. Son los guardatierras, hijo. Arrasaron con medio Anenecuilco. Emiliano camina descalzo por el pueblo de ese sueño y mira cómo los hombres de Coahuixtla derriban la capilla de adobe.

Son treinta o cuarenta pero tienen grandes mazos de fierro y han golpeado tan duro que un muro entero se derrumba y luego el techo se viene abajo en una estampida de polvo y de ruido que ensordece. Emiliano sigue allí, descalzo en medio de los escombros como si hubiese resurgido de la destrucción de la iglesia. Las velas siguen encendidas y sus llamas no se apagan con el inclemente viento de la noche. Una mujer está rezando y Emiliano se le acerca y la toca por la espalda y le dice.

Señora, ya vámonos. Se nos hace tarde.

Entonces escucha a los guardatierras que repiten las palabras del hacendado.

Si lo que quieren los de Anenecuilco es sembrar pues que siembren en maceta porque no tendrán ni tierras de tlacol.

Pero cuando la mujer del rebozo voltea no tiene rostro ni cuerpo, es puro vacío y la tela cae al suelo y un charco enorme de sangre se va extendiendo a sus pies descalzos como un río interminable.

Camina con los pies cubiertos de sangre, entre charcos. Los guardatierras están tirando los árboles frutales. Desencajan de la tierra mangos y aguacates, zapotes y limas como si fueran malas hierbas y queman las casas de carrizo mientras las mujeres corren lejos con sus hijos en brazos y los perros ladran como enloquecidos.

Y ladran y ladran mientras el niño camina por ese arroyo de sangre que de pronto se coagula y se llena de grietas, mal país donde ya nada puede crecer salvo la rabia.

Y del hocico mismo de la madrugada Emiliano se despierta sudando y se levanta todavía medio dormido y grita. Sólo le alcanzan los gritos.

II

El cuerpo es un muro de adobe, piensa Emiliano Zapata: cada ladrillo es parte del recorrido. Pero todas las historias son siempre la misma. Sólo hay una historia y todos los hombres están condenados a repetirla. El camino, sí, el camino es también uno solo. Todos lo transitan a su modo: en lomo de burro, a trote, en un hermoso alazán, a tumbos rueda que rueda. No importa. No eliges el camino, eso es una soberana mentira. Allí está el muy cabrón esperándote. Al fin un día te pones en marcha.

Sólo hay eso. Y un sol gigantesco como una olla de cobre que todo lo tiñe de rojo. En esa mañana lo despiertan los rurales en su casa. Vienen por él y se repite por tercera vez la escena. Es la última ocasión que lo aprehenderán en su vida, pero eso aún no lo sabe. Hace mucho frío. El frío de un enero encabritado, 1910, en que se lo llevan a la cárcel de Cuautla.

Y allí es prisionero por tres días. Pero además se encuentra incomunicado. Cuando la familia se entera interpone un amparo ante la ley. Es su hermana María de Jesús quien ahora intenta ayudarlo, sin éxito. Se le consigna, le informan a ella, por haberse encontrado vagando en estado de ebriedad. Nadie puede desmentirlos. Ninguna otra voz allí que la del memorando militar.

9º Regimiento. Comandancia. Núm. 802. Con fecha de hoy se servirá Ud. dar de alta en el Regimiento a los reemplazos Secundino Popoca y Emiliano Zapata, consignados por el gobierno del estado de Morelos, según sorteo. Libertad y Constitución. Cuernavaca 11 de febrero de 1910. El Cor. Ángel Bouquet. Al mayor del Regimiento. Presente.

Y esa voz escrita es la que hace que lo trasladen de la cárcel al cuartel, otra forma de prisión.

Allí transcurren nuevamente días de disciplina, con el uniforme de soldado despierto desde las cinco de la mañana sin una gota de alcohol en la sangre simulando escaramuzas, cavando zanjas, usando la carabina sin poder dispararla. Un mes allí en medio del orden y el concierto mientras afuera del cuartel reinaba el más puro desconcierto. Francisco I. Madero, un hacendado del norte, había iniciado su campaña electoral alentado por las declaraciones de Díaz. Hasta el cuartel llegan las noticias un poco silenciadas del incipiente movimiento.

> *En mil novecientos once*
> *debemos tener presente*
> *que don Francisco I. Madero*
> *se lanzó a ser presidente.*

Levantarse y acostarse temprano para trabajar todo el día en faenas falsas le parece estúpido. En vano los esfuerzos de la hermana mayor que lo visita un par de veces. Hasta que le llega la noticia de su relevo. Don Ignacio de la Torre y Mier ha intercedido con el gobernador Escandón y lo licencian bajo promesa de que se vaya a la capital a arrendarle unos caballos al yerno del Presidente.

9° Regimiento. Comandancia. Núm. 961. El Gral. Comandante Militar de México en oficio Núm. 44618 del 16 del actual me dice. Habiendo comunicado a esta Comandancia el C. Gobernador del estado de Morelos que no hay inconveniente en que se admita reemplazo al soldado de ese Regimiento, Emiliano Zapata, se servirá Ud. remitir a esta Comandancia filiación del reemplazo y copia de la filiación del reemplazado. Lo inserto a Ud. para sus efectos y como resultado de la instancia del interesado. Libertad y Constitución. Cuernavaca, 18 de marzo de 1910. El Cor. A. Bouquet. Al Mayor del Regimiento. Presente.

Y más tarde, al ser dado de baja, le es extendido el siguiente salvo-conducto.

Secretaría de Guerra y Marina. Por la presente concedo licencia absoluta para separarse del servicio de las armas al soldado del 9° Regimiento Emiliano Zapata por haber dado reemplazo, según consulta respectiva, y no corresponderle otra cosa de conformidad con lo prevenido en acuerdo de esta fecha. Por lo tanto, encargo a los CC. Gobernadores de los estados de la Federación, y mando a las autoridades militares, no le pongan obstáculo alguno en el uso de esta licencia. Dado en México, D. F., el 29 de marzo de 1910. P.O.D. Secretario. El Oficial Mayor. Miguel M. Morales. Rúbrica.

A Nachito de la Torre, Zapata lo conocía bien por los jaripeos en Tenextepango, su hacienda vecina a Villa de Ayala. Había participado en uno para festejar la boda del hacendado con la hija del presidente, Amada. Allí, bravo como siempre, había logrado lazar un caballo desbocado que se lanzaba contra la muchedumbre a toda velocidad.

Tengo dos nuevos caballos árabes que necesito que me arriendes, Emiliano, le dice cuando llega a la quinta de don Ignacio en la capital el 19 de marzo. Él acepta, agradecido. De la Torre le da un abrazo prolongado, muy fuerte, como si se tratara de un amigo.

Esa primera noche en la ciudad de México Emiliano no puede dormir. Piensa en Anenecuilco. En sus mujeres, también. Nicolás está al cuidado de María de Jesús, de su tía Chucha, como la llaman. Está en buenas manos. Las niñas con Inés. No deja de rondarle en la cabeza que estuvo en el cuartel por culpa del padre de ella. Así se lo informó el jefe del regimiento. Pero no le importa. En esa ocasión se fue para Chietla, a la hacienda del señor Martínez, un gachupín decente. Se encuentra aquí, quién lo diría, en la casa del hacendado de Tenextepango. Sin un real. Necesita trabajar allí, lo prometió para que lo licenciaran, no quiere estar en ningún otro lugar que en su pueblo. La jornada le da en el cogollo.

Por la tarde conversa con algunos de los mozos de don Ignacio sobre Madero. Saben más de lo que dicen. En esa casa se tiene que saber de todo, piensa. Han leído la prensa reciente, los que saben leer. Todo parece indicar que encarcelarán a Madero, le dicen, que no habrá elecciones. Zapata sigue sin saber bien a bien quién es Madero, qué busca. Escribe entonces una larga carta que enviará al día siguiente a Montaño. Le cuenta de sus días y sus penurias en el cuartel, le pide noticias de los problemas del pueblo, pregunta por *Chico* Franco y por los papeles de Anenecuilco, como los llamará siempre.

Apaga la vela y se recuesta en la cama. Su cuarto es pequeño pero cómodo. Hay una gran jarra de peltre con agua y dos vasos. Le han puesto además de regalo una botella de coñac porque en la tarde don Ignacio le ha invitado una copa y él ha dicho que el licor es muy bueno, que le gusta ese coñac. Al calor de las copas conversaron un poco sobre Morelos. Zapata, de pocas palabras, casi con monosílabos.

Hay que comprender a las haciendas, Emiliano. Necesitan tierras. Morelos es el estado donde mejor se paga a los peones. Y no es por nada, es a causa del azúcar.

La gente no tiene qué comer, don Ignacio. Menos si no le dejan tierra donde sembrar.

Si las haciendas no progresan nadie podrá comer en Morelos. El hombre le sirve otra copa y le toma la mano. Son suaves sus manos, aunque es un buen charro. Ambos han coleado juntos, quién sabe cuándo, don Ignacio con guantes. Él está allí, en su cuarto, de nuevo solo. No ha visto aún los nuevos caballos que deberá arrendar. No tiene prisa aún. Necesita descansar pero no puede, los ojos no se cierran con el puro cansancio. La preocupación los mantiene abiertos como pozos. Nomás que sin agua. Ya no volverá a llorar. Se le han acabado las lágrimas.

Se sirve una copa de coñac. La bebe como si fuera aguardiente, de un solo trago. El licor le quema la garganta como un hisopo ardiendo que cruzara su tráquea. Apura una segunda y una tercera copa. El licor no lo sosiega. Vuelve a tragar el líquido de una cuarta copa. Ahora sí lo aturde, se marea.

Cae en cuclillas frente a la cama como un penitente que no encuentra la religión que deberá seguir, el santo al que encomendarse. Como si no hubiese oración en el mundo que bastase para redimirlo de tanto dolor y tanta pena y tanta culpa.

Se tira en el suelo. Escupe. Tose. Allí en el frío piso de ladrillo encuentra una forma transitoria de paz. Cierra los ojos.

Otra vez le viene a la mente su padre y recordando su cara al fin puede conciliar el sueño por unas horas.

❀ ❀ ❀

Se despierta con la cabeza que le estalla y los ojos que no desean abrirse del todo. Se sabe despierto pero se desea dormido. Es muy temprano. Apenas clarea. Serán las seis de la mañana de su segundo día en la ciudad. Debe asearse pronto e ir a la cuadra a iniciar sus labores. No está aquí para ninguna otra cosa. Que sufra o que piense, a los demás les da igual. Tiene que ir por los caballos. Empezar a conocerlos, acariciarles la grupa. Y los animales deberán también familiarizarse con su olor. La mañana descalza lo sorprende mojándose la cabeza, despabilándose.

Quisiera tocar todas las puertas y preguntar no se sabe por quién. Así, desconcertado, casi temblando, se viste de nuevo. Le han traído dos nuevos trajes dignos de su condición de caballerango de don Ignacio de la Torre. Escoge el café, el más rico en adornos. Tiene también un nuevo sombrero que se cala. El sombrero lo oculta, le permite desaparecer un poco de la faz de la tierra, y lo protege de más calamidades que el sol. Se encamina al establo como quien inicia una nueva vida.

Allí lo está esperando don Ignacio. Solo. No hay nadie a esa hora de la mañana. Todos están dormidos. Le señala el nuevo caballo luego de darle un fuerte apretón de manos. Nuevamente las manos de don Ignacio que lo sostienen y a la vez lo detienen, desconcertándolo. Es un ruano. Se ve arisco. Se lo dice. El dueño asiente.

Nunca he visto un caballo más indómito, le escupe su aliento de señorito, un vaho de lavanda.

Hay que tenerle paciencia, don Ignacio, como a las mujeres.

O raptarlas de noche, sin su consentimiento, como me dicen que has hecho con varias.

No se crea todo lo que dicen de mí. Cuando uno se roba una muchacha es porque sabe que podrá domarla. No es lo mismo aquí. ¿Cómo se llama?

¿Quién?

El caballo, ¿quién pues?

Risueño.

Vamos a ver si se sigue riendo el muy desgraciado. Y le lanza la reata, lo laza a la primera. El animal se enfurece, tira del todo, quiere liberarse del yugo reciente que lo limita. Emiliano lo arrastra afuera del establo y ata la cuerda con dos vueltas al poste del centro del patio. El animal parece sorprendido, mira con ojos desorbitados a su captor quien viene con una silla. Dos veces intenta colocarla y el caballo la rechaza con brío. A la tercera el jinete logra amarrar la cinta por el vientre. Se aleja un poco y vuelve a él. Lo acaricia. El caballo relincha y repara un par de veces. Emiliano se acerca y aleja con sabia cautela y luego al fin lo monta de un salto. Reparos de toro bronco tiran al jinete al suelo. Una, dos, seis veces. Cubierto de tierra, escupiendo polvo, Emiliano vuelve a la carga y al fin el animal cede, aminora la fuerza con la que desea despellejar vivo a quien lo busca domeñar.

Ha pasado una hora. Don Ignacio sólo observa. Ahora aplaude, se quita el sombrero. Su sonrisa perturba al caballerango pero no sabe por qué. O no desea.

Lleva al caballo de vuelta a su establo, ya sin resistencia, con la brida bien sujeta, la rienda tirante. Ha sangrado un poco de los belfos. La dentadura rojiza le recuerda sus sueños, la pesadilla recurrente del arroyo de sangre de Anenecuilco. Don Ignacio lo sigue. Pasa el cerrojo y deja en paz al animal que se sabe vencido. Entonces el hombre lo abraza por detrás. Siente la carne de don Ignacio sobre su espalda, el calor de su miembro detrás de su cuerpo, la fuerza de los brazos que lo maniatan. El aliento del hombre, su beso en el cuello. Ignacio de la Torre le tira el sombrero de un manotazo y acaricia su cabello. Emiliano logra zafarse del abrazo, lo voltea, le afloja el cinto y le baja los pantalones con rabia, enfurecido.

Hunde su miembro entre las nalgas del hombre. Estrella todo su cuerpo contra la carne blanca y peluda del hacendado. Arroja y arremete: su furia y su fuerza y toda la rabia en cada empellón hasta que se deja ir en un río que es también angustia y desesperación. Río de polvo y sangre, río de contrarios en unión. Quiere golpearlo, pero no puede, la rabia se convierte en ternura o en algo parecido. Es un sentimiento que no alcanza palabra para expresarse. El hombre lo besa. Emiliano, confundido, alcanza abofetearlo, una, dos veces. De los labios del hombre escurre un líquido, brota un hilillo de sangre.

Grandísimo cabrón, le grita Emiliano.

Luego abandona el lugar y se encierra en su cuarto como en una nueva celda.

* * *

No sale de allí ni nadie viene a buscarlo durante todo el santo río de la tarde. O de la noche, para el caso es lo mismo. No ha probado bocado. Y aun así ha vomitado los restos de la cena y el coñac de la madrugada reciente. El cuarto huele mal pero a él tampoco le da la gana salir a buscar agua para limpiarlo.

Al día siguiente vuelve a sus labores. Con el ruano y con el otro, un árabe de pura cepa. Allí olvida, con los caballos. Nada le pasa por la cabeza que no sea lazar, amarrarlos, tirar la silla, maniatar sus fuerzas. No le importa lo que tarde. El ruano ya casi no repara pero aún no se atreve a soltarle la rienda, a correr un poco.

Le agrada no ver a don Ignacio. Los mozos le dicen que ha ido a Morelos. Zapata pasa allí toda esa primera semana con los caballos. Los deja descansar muy poco, sabe que así le costará menos trabajo volver a empezar al otro día.

Los caballos van poco a poco aceptándolo como su jinete. El sábado que sigue regresa don Ignacio y lo invita a una copa en su despacho. No dice nada del incidente, por supuesto, pero le pide que mañana le muestre sus progresos con los caballos. Ya le han dicho que puede montarlos.

Desde ahora si usted quiere, don Ignacio. Están listos. Le dije que había que tenerles paciencia y mano dura.

Dos semanas después se repite la escena. Él vuelve a la carga. Sólo que ya no golpea al hacendado. Le da pena su cuerpo ultrajado encima de la paja, se apiada un poco de ese hombre que no lo quiere allí sólo por sus caballos.

Entonces le pide que lo deje irse. No quiere escándalos, amenaza. Desea volver a su tierra. Tiene tanto por hacer. Todavía puede sembrar sandías, como el año pasado, y quizá se le den las mazorcas. El hombre no le contesta, apura su copa y lo deja solo en el despacho.

Solo con su silencio y con su rabia.

❈ ❈ ❈

Poco después le avisan que el señor ha dado permiso para que deje la casa y el administrador le da una bolsa con monedas y le hace firmar unos papeles que justifican el pago. Arrendador de don Ignacio de la Torre y Mier, dicen aquellos legajos que él firma. Don Ignacio le ha regalado un caballo y una montura española. Por mediación, Emiliano le da las gracias a quien no sabe si llamar libertador por haberlo licenciado del ejército o con qué otro nombre llamarlo por sus infamias. Siente que ese señor le debe más que las gracias. Pero aun así deja la capital como quien deserta de una batalla jamás peleada.

La plaza vacía. El parque inexistente. El enemigo ausente.

Es el paisaje el que lo obliga a ordenar la retirada.

Cabalga toda la tarde. Pasa el Ajusco cuando el sol se está metiendo y en la noche llega a Morelos. Conoce como nadie esas montañas. Es abril. Alcanza a ver el camino a Anenecuilco cuando ya ha oscurecido del todo. Ha cabalgado velozmente, castigando al animal con el fuste. No ha querido detenerse. Tiene sed. Todo su cuerpo es una grieta, desecada y quebradiza. En la mañana lo recibe María de Jesús como quien ha visto resucitar a un muerto.

* * *

Los días siguientes alcanzan el frenesí de la aventura retomada. Conversa con Montaño quien le narra los pormenores de la campaña de Madero. Va a casa de Torres Burgos —recién salido de la cárcel de Cuautla— quien le presta periódicos y lo pone al tanto de las cosas allá en Morelos. No ha vuelto a casa, ha venido a verse en las aguas quietas de un jaguey más placentero que cualquier espejo. Así supo que se podía sentir en calma en medio de la tormenta. Y es que el regreso no fue fácil. En su ausencia Escandón y los de Hospital habían hecho hasta lo indecible por destrozar la moral de Anenecuilco. Los más bravos en la cárcel de Cuautla y las mujeres ya con miedo de que otros de sus hijos corrieran la misma suerte. La mayoría de las tierritas ya sin sembrar y casi todos trabajando para la hacienda.

En Morelos los seres vivimos ufanos
sembrando en el campo semilla y sudor,
que el surco con sangre es regado
de muchos hermanos de nuestra nación.

Quedan trescientos setenta y un habitantes en Anenecuilco. Emiliano realiza una junta de concejo y deciden, desesperados, escribirle al gobernador Escandón en busca de una respuesta.

Quien dijera que el tiempo en que estamos
nadie sufre ya de ser esclavo,
a mí me parece que para allá vamos
si en estos momentos quedamos callados.

Que retumbe el grito de don Emiliano
cuando pide al poder ¡Tierra y Libertad!,
que el gobierno ahora nos tienda la mano
a los hombres del campo para trabajar.

Los campesinos trabajamos para alimentar
a todos los seres del campo y la ciudad,
y la tierra pródiga sufre y se queja
de ver que sus hijos le hacemos maldad.

Estando próximo el temporal de aguas pluviales, reza la misiva, *nosotros los labradores pobres debemos comenzar a preparar los terrenos para nuestras siembras de maíz y en esa virtud ocurrimos al Superior Gobierno del estado, implorando su protección a fin de que, si a bien lo tiene, se sirva concedernos su apoyo para sembrar los expresados terrenos sin temor de ser despojados por los propietarios de la hacienda del Hospital. Nosotros estamos dispuestos a reconocer al que resulte dueño de dichos terrenos, sea el pueblo de San Miguel Anenecuilco o sea otra persona, pero deseamos sembrar los dichos terrenos para no perjudicarnos, porque la siembra es lo que nos da la vida, de ella sacamos nuestro sustento y el de nuestras familias.*

Imploran así por escrito. Aguardan. Siempre han aguardado. Ocho días más tarde, ya en mayo, llega la réplica que no es una respuesta porque el secretario pide que se le escriba de nuevo y se le diga *que si desean usar unos terrenos para sembrar que se sirvan expresar la denominación de los terrenos a que se refieren.*

Otra nueva misiva de los de Anenecuilco va hacia Cuernavaca. Ahora ya no imploran, suplican. Vienen las lluvias, están dispuestos a pagar arrendamiento a los de Hospital. Emiliano acepta firmar así por pura desesperación, aceptando que otros puedan ser los dueños cuando sus papeles le dicen otra cosa. Le dicen que la hacienda no tiene derecho. Sin embargo nada ayuda el tono resignado de la última carta. El gobernador se lava las manos y dice que ha turnado sus cartas a la hacienda para que sean ellos quienes digan si estiman conveniente que siembren allí.

Si ellos nunca han estimado conveniente otra cosa que despojarlos, se dicen los hombres a mediados de mayo cuando vuelven a leer la carta del secretario del gobernador Escandón.

¿Y de qué sirve una palabra, indignación, se dice Emiliano, cuando no se tiene nada?

Fosforece un mohín de sueños crueles. Zapata no puede pedir tregua, pensar sólo en sí mismo, regresar a su oficio de parcelero, rentar tierras para sí. O como ocurrió durante unos tres años hasta ser un pequeño comerciante gracias al impulso de Eufemio, entonces sí además de los animales y la siembra manejó un tren de mulas que llevaba maíz entre los pueblos y arena para la construcción en Chinameca. Ahora no le toca velar por su prosperidad sino por la precariedad de los otros.

Estamos hartos de estar hartos, les dice a los otros. Pregunta quién tiene armas. Rifles pequeños, pistolas. Los demás con sus machetes. Vamos a ir por nuestras tierras, a ver quién es el pelado que nos las quita, les dice. La primera reacción es de asombro ante la pregunta a bocajarro, ¿quién está conmigo?, pero después del primer impacto empiezan a levantarse primero manos y luego cuerpos, todos dicen esta boca es mía. A mitad de la tarde ya había juntado ochenta hombres. Los que ni siquiera tienen un machete se llevan unos palos, por no dejar.

Emiliano y otros pocos van montados en sus caballos. Los más a pie, siguiéndolos con prisa. Salen de la plaza y se encaminan a los linderos con Villa de Ayala. Algunos de allí y los guardatierras de la hacienda están haciendo unas cercas. Son unos veinte o treinta hombres nomás. Ven venir al grupo sin ninguna reacción, sin saber de qué se trata. Siguen haciendo lo suyo, sin prestar atención al ruido de los cascos de caballos, al polvo o al puñado de hombres que sigue a los animales.

Poco a poco se van acercando al lugar. Emiliano no cambia el arrojo ni la seguridad por miedo o reticencia. Encabezando a los suyos llega hasta allí y sin mucho discurso les explica que ésas eran tierras suyas y que más les valdría retirar sus cercas, dejar de plantar en sus propiedades.

Los guardias ven a la turba armada y escuchan al hombre allí encima de su caballo. Quizá porque piensan que será cosa de un día antes de que los rurales les bajen los humos a esos alebrestados o a lo mejor porque de verdad se asustan los guardias dan órdenes a los de Ayala de que se regresen a su pueblo y ellos mismos se van para la hacienda como una banda de forajidos que ha sido descubierta a plena luz del día.

Así habló el hombre.

No tenemos ganas de pelear con ustedes. Somos parientes. Hay Plascencias y Merinos y Salazares en ambos pueblos. Pero esta tierra es de Anenecuilco y somos los de Anenecuilco los que vamos a sembrarla, ¿está claro?

En la hacienda, avisan a su señor, le piden ayuda para poder regresar al campo.

Dejen al lunático, dice el señor. Déjenlo solo. A ver si puede cosechar algo esta temporada. Las lluvias ya se atrasaron.

Esa noche Emiliano supo que no había tomado la decisión de arremeter contra los del pueblo vecino y contra los guardias nomás porque sí. Ya era hora de empezar a hacer algo serio, algo de verdad por el pueblo.

Llegaron las lluvias, brotaron las milpas y hubo cosecha, aunque escasa. Los de Hospital reclamaron entonces la renta de la tierra. Querían que los de Anenecuilco les pagaran por haber sembrado allí. Fueron con el prefecto Vivanco a pedir justicia. Zapata y los suyos se rehusaron a pagar. Muy poca lluvia y muy poca cosecha, apenas alcanza para comer, replicaron ante la afrenta. El prefecto, entonces, les hizo prometer que pagarían el próximo año, cuando mejoraran las cosas. Todo esto habrá sido por noviembre cuando Escandón regresó del norte después de las lluvias para recordar Inglaterra en el hotel de la señora King en Cuernavaca, no precisamente para hacerse cargo de Morelos. Hubo una audiencia en Villa de Ayala y su presidente municipal, Refugio Yáñez, un viejo leyvista, les ayudó en la empresa. El representante de la hacienda no estaba tan seguro del juicio salomónico de Vivanco.

Si no tienen maíz que paguen con sus animales, prefecto.

No estaban las cosas en el estado ni en el país para armar más alboroto. Si había buena cosecha en 1911 pagarían los dos años de alquiler. Eso era todo y la disputa estaba terminada. Eso fue en noviembre, poco antes de que Vivanco renunciara y abandonara Morelos. Entonces Zapata le organizó una fiesta en Anenecuilco, improvisaron unos corrales y hubo jaripeo y Emiliano coleó como en sus mejores tiempos. Luego se fueron a beber todos. Zapata, *Chico* Franco, Yáñez y Vivanco. Unos y otros invitaban los tragos. Había música en la cantina. Unas canciones que sonaban viejas, desgastadas como la pianola del lugar. Pero igual Zapata sacó a bailar a una muchacha de Moyotepec. Y como en otras ocasiones desapareció con la mujer y no volvieron a verle el pelo esa noche.

Saludo buena niña
con ardiente afán
diadema de flores y ramas de azahar:
adornen tus sienes corona en tu afán.

Ven jovencita hermosa
reina de las flores
ven y contempla mis amores
porque eres niña pura
que embelleces con tus miradas
a mi pobre corazón.

Si buscas flores del mágico
edén yo te daré
yo te daré de las que hay en mi jardín
dulces y honestas
las embalsamaré
y con tus labios
a mí me haces feliz.

✳ ✳ ✳

Una delegación de Anenecuilco salió a ver al presidente Díaz para pedirle que de una vez por todas zanjara la disputa de las tierras a favor de los del pueblo, no de la hacienda. Otra vez puras promesas. Palabras. Ésas no cuestan nada, dijo uno de ellos de regreso. Y sin embargo llegó, escrita, una resolución a favor de los de Anenecuilco. Todo Morelos vivía en una tregua armada como si se estuviesen preparando para una terrible granizada.

Pero eso fue en noviembre. Ahora en cambio, apenas empezaban a sembrar en la tierra barbechada. Y a esperar con paciencia las primeras lluvias de temporal.

III

Es otro tiempo. Han pasado sólo unos meses y todo el país vive en otro tiempo. Madero no ha transitado por Morelos. Ha ido por Puebla. En Jojutla y en Yautepec nuevos clubes lo apoyan en su campaña antirreeleccionista. Luego lo encarcelaron en verano y escapó hacia Estados Unidos con un plan bajo el brazo que empezó a correr por los pueblos como la pólvora. Sea lo que sea Emiliano también decide sembrar en sus propias tierras. Eufemio y él con unas plantas que ha traído de Veracruz esperan una buena cosecha de sandías que el hermano mayor venderá en el otro estado. Oscuras sonrisas se esconden en esas frutas de dura cáscara verde. Oscuras sonrisas de dientes negros y cariados se agazapan, jugosas detrás de la cáscara de piedra que las cubre.

La cáscara no es la cosa, Miliano. La cáscara no es la cosa, le decía su madre siempre que se enfrascaba en una discusión absurda. Ahora lo recuerda con la memoria de viejo que tiene y que así la han llamado los otros.

Es noviembre de 1910. Hay una calma chicha, como se dice, en el ambiente: las nubes presagian tormenta. Estalla la revolución en Chihuahua después de la falsa intentona de Puebla en donde matan a los Serdán. El Plan de San Luis es claro y a él se unen en el sur. La demanda por la tierra es letra y música para esos hombres cansados de luchar contra todo. Al mes siguiente la junta de defensa del pueblo es convocada de nuevo por Zapata y se decide volver a dividir la tierra que era de la hacienda. Zapata junta a los de Ayala y a los de Moyotepec.

Y durante tres frenéticos días se dedican a derribar cercas, destruir mojoneras, quitar bardas para repartir las tierras.

El sucesor de Vivanco, Eduardo Flores, se acercó al lugar con una pequeña escolta de diez hombres. Zapata tenía a cien armados de los tres pueblos. Con cierta arrogancia preguntó a Flores qué hacía por allí.

Se ha corrido la noticia de que un grupo de maderistas se ha levantado en armas.

Aquí nadie se ha levantado en armas señor prefecto. Sólo estamos repartiendo lo que es nuestro.

Sigan entonces con su tarea, pronunció con cierto miedo Flores y salió corriendo de allí con su gente.

Se trazaron nuevos linderos y se repartieron equitativamente las tierras, como habría de ser. Por fin los papeles de la caja que había recibido el año anterior empezaban a descubrir un futuro distinto.

Los de Moyotepec lo invitan a un jaripeo para festejar el reparto. Rechinan dos carretas contra los martillos. Todos están allí para la fiesta. Hay algo quebrado en esa tarde que los recibe sin esfuerzo.

De principio él no entra al ruedo. Prefiere ver a los otros. Pero luego le piden que participe, que tienen un toro muy bronco, que a su medida. En la segunda suerte el animal lo tira al aire de un limpio empellón, cornándolo en el muslo.

La pierna le sangra y duele. Fue una distracción, una pendejada, se dice. Un médico en Villa de Ayala le cura la herida y lo sutura. Pocos puntos, esto va a cicatrizar rápido, le promete.

Rengueando va a la junta en casa de Torres Burgos tres días después. Allí se vota y se elige. El maestro es el más instruido así que todos aceptan que sea él quien viaje a Texas, a San Antonio, a reunirse con los líderes de la revolución y a ofrecer sus hombres en Morelos al maderismo. En la casa estaban Catarino Perdomo, Margarito Martínez, Otilio Montaño y Gabriel Tepepa, un veterano general de la guerra contra los franceses. Lo otro que decidieron esa mañana fue que al regreso de Torres Burgos tomarían todos las armas.

Lo esperaron en vano, Torres Burgos tardaba en regresar de su entrevista con la Junta Revolucionaria. Tepepa se desesperó y se levantó en armas en su pueblo Tlalquiltenango el 7 de febrero de 1911. Así empezaba, con indisciplina pero con coraje, la revolución en Morelos cuando regresó al fin el maestro con nombramientos e instrucciones para los surianos. El 10 de marzo se fueron todos para Cuautla a la feria. Era el segundo viernes de cuaresma.

> *¡Vamos para la feria*
> *una franca animación!*
> *Echan a volar las campanas*
> *en la blanca población.*
> *[...]*
> *Vamos a la feria, niña,*
> *olvidemos el dolor*
> *en las miserias del campo*
> *en las fricciones del peón.*
>
> *Los indios, los aparceros,*
> *el influjo del alcohol*
> *olvidan por un momento*
> *la injusticia del patrón.*
>
> *En el novecientos once,*
> *en cuaresma del Señor,*
> *era en el segundo viernes*
> *que el calendario marcó.*

Fueron a los gallos y apostaron sin suerte. Luego a la cantina donde bebieron aguardiente hasta casi quedar dormidos. Allí en Cuautla tenía su casa Inés, y Emiliano durmió con ella antes de regresarse con Rafael Merino y con Torres Burgos a Villa de Ayala. Estaban decididos a iniciar su propia lucha.

Juntaron a unos setenta hombres y mal armados vencieron a la policía local.

Cuando la feria de Cuautla
ya casi se terminó
Burgos, Zapata y Merino
con el alma prueban el valor.

Villa de Ayala (los mira)
predican la insurrección,
organizan las guerrillas
setenta hombres, lo mejor
[…]
A Quilamula será
buscando liberación
Burgos, Zapata y Merino
en franca revolución.

Improvisaron un mitin en la plaza. Torres Burgos leyó el Plan de San Luis y luego gritó.

¡Viva la revolución y muera el gobierno!

Otilio Montaño había venido desde Yautepec y gritó más alto aun.

¡Abajo las haciendas y vivan los pueblos!

Luego se fueron para Quilamula donde se les unieron unos más. Mientras iban avanzando por los pueblos ganaban adeptos hasta que llegaron al rancho de Alseseca.

Allí se estuvieron por tres días con sus noches. Mandaban enviados a los pueblos invitando a la gente a unirse a sus filas contra la dictadura. El jefe del movimiento, Torres Burgos, citó a su primer consejo de guerra. Se decidió que el ejército se fraccionara en tres grupos, cada uno con su comandante: Zapata, Merino y él mismo. A la pequeña columna de ciento veinte hombres se le iban anexando también otros jefes y su gente. Lo mismo en Huachinantla y Mitepec que en Puebla. Amador Acevedo, Margarito Martínez, el mismo viejo Gabriel Tepepa, Jesús Sánchez.

Torres Burgos y Tepepa abandonaron Mitepec con rumbo a Jojutla no sin antes conminar a Zapata a iniciar acciones militares en el sur de Puebla.

Había algo de juvenil efervescencia en las decisiones y en el aire cargado de tensión. Rafael Merino se fue con rumbo a Jonacatepec.

Emiliano se fue para Jolalpan, allí se le unió Francisco Pliego. En Tlahuzingo entra a la bola Miguel Cortés. Ambos con sus columnas de hombres silenciosos. En Axochiapan libró su primera batalla contra las tropas de Javier Rojas en la propia estación de trenes. En Jolalpan firmará un pacto con Ambrosio Figueroa, un pacto de palabra pues a Figueroa le interesaba Morelos más que Guerrero, desde allí podría atacar la capital, hacerse el caudillo verdadero del sur, un plan para el que Emiliano Zapata estorbaba. Siempre le estorbaría: Figueroa estaba convencido de que la revolución tenía fines económicos, políticos. A Zapata le interesaba la justicia social, la ley: palabras que tantas veces puso en sus escritos.

A Zapata le llegó la noticia de la carnicería en Axochiapan y por eso se fue para allá, a enseñarle a los federales quién mandaba en esa zona. Los rurales habían colgado y quemado vivo a Alejandro Casales, jefe revolucionario del lugar. Tomaron la plaza y empezaron a organizar los nuevos servicios públicos.

Se movían con rapidez, pero también con cautela. Para el 24 de marzo ya se habían apoderado de Tlalquiltenango y Jojutla consiguiendo armas y parque a granel. Empezaron también las discusiones. A Torres Burgos le enfureció el saqueo de la gente de Tepepa en Jojutla y llamó a su Estado Mayor.

Hay que hacer una revolución ordenada, respetar para que nos respeten.

La mayoría de los hombres consideraba a Tepepa el verdadero jefe aunque la Junta Revolucionaria hubiese nombrado a Torres Burgos. Los de Tepepa pugnaban por un movimiento radical. Hay que hacer sentir el peso de la indignación del pueblo. Los dueños de las tiendas que saqueamos eran gachupines enemigos de la causa, sentenció el viejo general.

La discusión fue agria. No pudieron ponerse de acuerdo. Los de Tepepa apoyaban a su jefe y se salieron. Torres Burgos se indignó. Decidió retirarse con sus hijos David y Alfonso por el camino a Moyotepec.

Torres Burgos se detuvo en la barranca de Rancho Viejo para dar de beber a los caballos y descansar. Quizá también para despejar la mente de la ríspida discusión con sus compañeros de armas. Mandó a su hijo Alfonso para Villa de Ayala por comida, pero lo secuestraron hombres del capitán Gálvez obligándolo a conducirlos al escondite de su padre. Allí descargaron sus fusiles sobre Torres Burgos y sus hijos.

Una acémila se llevó los cadáveres de los revolucionarios para exponerlos en el portal del Palacio Municipal de Cuautla.

La noticia no tardó en llegar a Zapata. Mal empezaba un movimiento con la pérdida de su jefe emboscado. Hay que enseñarlos a desconfiar a éstos de la ciudad, le dijo a Montaño. Son como guacamayos.

Quince jefes rebeldes, entre ellos Tepepa, nombraron entonces a Zapata jefe de la revolución del sur, provisionalmente mientras Madero decidía quién relevaba a Torres Burgos.

ACTA DE DESIGNACIÓN DE EMILIANO ZAPATA COMO JEFE
SUPREMO DEL MOVIMIENTO REVOLUCIONARIO DEL SUR

Jolalpan, Puebla, Marzo 25, 1911.

Siendo las 9 de la mañana del día 25 de marzo de 1911 reunidos en el lugar que ocupa la ayudantía del pueblo de Jolalpan, Pue., los C.C. que por acuerdo de todos los Revolucionarios pasan designados como jefes y oficiales del Ejército Libertador del Sur, en virtud del asesinato del Sr. Prof. Don Pablo Torres Burgos, quien fuera el primer jefe nombrado por el Sr. don Francisco I. Madero.

Lo anterior lo hacemos conscientes de nuestros deberes y con el fin de que el movimiento revolucionario no sea abandonado, recayendo la designación por unanimidad en favor del Sr. don Emiliano Zapata, firmando para constancia todos los que enseguida se nombran:

Cor. Rafael Merino,
Cor. Próculo Capistrán,
Cor. Margarito Martínez,
Cor. Catarino Perdomo,

Cor. Jesús Morales,
Cor. Francisco Mendoza,
Cor. Gabriel Tepepa,
Cor. Catalino Vergara,
Cor. Juan Sánchez,
Cor. Amador Acevedo,
Cor. Emigdio Marmolejo,
Cor. Jesús Jáuregui,
Cor. Maurilio Mejía.

Juan Andrew Almazán después de entrevistarse en Tepexco con Zapata le confirmó el cargo, aunque Almazán era dado a tretas y trampas.

A Zapata lo acompañaron desde entonces un puñado de hombres. Felipe Neri, fogonero de Chinameca; José Trinidad Ruiz, predicador protestante de Tlaltizapán; Fortino Ayaquica, obrero textil de Atlixco; Chuy el *Tuerto* Morales, cantinero de Ayutla, cerca de Chietla. Cada cual con doscientos o más nuevos reclutas.

En el oeste y sur de Cuernavaca operaba Genovevo de la O, quien no olvidaba los despojos de tierras de las que su familia había sido objeto por parte de la dictadura porfirista; en Guerrero Ambrosio Figueroa, más independientes que los de Ayala y los otros jefes surianos.

Todos estaban seguros de algo: había que atacar Cuautla.

◦ ◦ ◦

Aunque las previsiones del ataque eran arriesgadas, no pensaron que sería tan sangriento. Los jefes rebeldes estaban acostumbrados a entrar y salir de los pueblos y las plazas imponiendo su orden con escaramuzas pequeñas. El ataque a Chinameca había sido un buen ensayo, lo de Cuautla se les revelaría pronto como algo muy distinto, los empezaría a preparar para el verdadero futuro.

De cualquier forma la sucesión de breves victorias y la defección del gobernador Escandón que salió pitando del estado y del país, les había elevado la moral para intentar la empresa.

Allí los hacendados habían logrado que se destacase el feroz batallón Quinto de Oro. Los cuatrocientos federales de Cuautla no fueron ayudados por los seiscientos que habían recién llegado a Cuernavaca comandados por Victoriano Huerta, ex porfirista de alto rango, vendido al mejor postor. Seis días duró el terrible sitio de Cuautla.

Se avanzaba con prontitud. 19 de mayo, diez semanas después de la lectura del Plan de San Luis por Torres Burgos en Villa de Ayala, todo Morelos estaba en pie de lucha, el 21 se firmó el Tratado de Ciudad Juárez y el último de mayo Porfirio Díaz se fue en el buque *Ipiranga*, para no volver más.

Zapata dio órdenes para que en todo el estado los campesinos reclamaran las tierras a las haciendas.

Grupos de aparecidos, hombres y mujeres pobres, comenzaron a invadir sus propias tierras. Zapata no hacía otra cosa que cumplir con el artículo tercero del Plan de San Luis, exigiendo la restitución de las tierras adquiridas de un modo inmoral a sus antiguos propietarios. Ya había muerto Tepepa a manos de Figueroa en otra traición como la del maestro Torres Burgos. Quizá ésa sería la nota de la nueva lucha, la traición, se dice Zapata. Y es que el viejo general antiintervencionista, el impaciente y sanguinario Gabriel Tepepa parecía hecho de la misma sustancia que los montes, inmemorial: de arena y de nieve. Perpetuo. Ambrosio Figueroa, como Zapata en Morelos, tenía fama de bragado, de peleonero. Había tenido sus problemas con la justicia. Los dos no cabían en el mismo estado. Menos uno como gobernador y el otro como antiguo revolucionario al que quieren obligar a deponer las armas. A Tepepa ya le había cantado Figueroa que pronto iría por él. La lógica de la venganza y la ley del más fuerte: si no me quiebra, pues me lo quiebro yo. Ambrosio Figueroa concibió un plan para acabar con Tepepa; en el mes de mayo, en la casa de un acaudalado español apellidado Lamadrid en Jojutla, se le invitó a una fiesta. Aún ahora no se sabe por qué aceptó, pero nunca cruzó la puerta: al llegar acompañado de su asistente Luis Noguerón fue aprehendido por tropas del maderista Federico Morales, que obedecía órdenes de Ambrosio Figueroa. Al día siguiente, a las 6 de la mañana del 25 de mayo de

1911, fue fusilado en la plaza de Jojutla, pagando el delito de haber permitido que sus tropas saquearan e incendiaran las tiendas de españoles, a quienes Tepepa odiaba encarnizadamente. Junto a él murió Luis Noguerón, su más fiel. ¿Cuántas veces, desde ahora, unos y otros serían fusilados para aplacar las iras seculares de los tantos bandos, de las tribus y sus jefes?

Bien decía Otilio Montaño, tan amante de las etimologías y las toponimias.

Ese Figueroa es un traidor, viene de Huitzuco que quiere decir cosa llena de espinas. Y a Emiliano nomás nunca le había entrado el líder guerrerense. Luego se demostraría con creces la suspicacia de ambos. Como gobernador de Morelos fue uno de los más crueles perseguidores del zapatismo, un exterminador. Parte del Plan de Ayala lo menciona como el perro sarnoso que fue. El propio Madero contribuirá a tal encono. En una misiva escribió a Figueroa:

En vista de las circunstancias tan difíciles por las que atraviesa el estado de Morelos, se ha decidido nombrar a usted Gobernador y Comandante Militar del estado de Morelos. A la vez seguirá usted con el mando de las tropas del estado de Guerrero, a fin de que pueda movilizar libremente las tropas de un estado a otro y llevar a Morelos todas las que necesite para pacificar completamente al estado. Obre usted de acuerdo con las tropas federales que se van a mandar a Cuernavaca y que obrarán de acuerdo con usted. La presente será puesta en sus manos por un enviado del señor Alberto García Granados, actual ministro de Gobernación, persona apreciabilísima, a quien me permito recomendar a usted en todos sentidos, para que atienda sus indicaciones como si fueran mías. Espero de su patriotismo aceptará esa invitación y nos pondrá en su lugar a Zapata, que ya no lo aguantamos.

Pero eso será después. Ahora ya casi es verano. Entre los últimos días de mayo y los primeros de junio desde su cuartel general en el Hotel Moctezuma en Cuernavaca, Zapata conferenció con Ambrosio Figueroa. El parte del 29 de mayo dice a la letra que al día siguiente se darán estrecho abrazo Zapata y Figueroa; población tranquila y con muestra de regocijo público, informa Rodolfo Magaña a los periódicos de la capital.

Cuernavaca, Morelos, 29 de mayo de 1911. Acaba de efectuarse conferencia entre los generales Emiliano Zapata y Alfonso Miranda, en representación, este último, del jefe Ambrosio Figueroa. Como resultado de dicha conferencia y autorizado debidamente, afirmó que desde estos momentos están completamente zanjadas las dificultades que surgieron entre ambas fuerzas insurgentes y que definitivamente procederán de acuerdo en lo sucesivo. Mañana se darán estrecho abrazo Zapata y Figueroa; población tranquila y con muestra regocijo público.

Cuernavaca, Morelos, a 29 de mayo de 1911. Tenemos el honor de participar a usted que en este momento hemos celebrado una conferencia para tratar asuntos políticos y sociales de interés general, relacionados con los estados de Morelos y Guerrero, estando representado en la Asamblea el señor general Ambrosio Figueroa por el señor general Alfonso Miranda; asuntos que han sido solucionados de una manera satisfactoria. El General en Jefe, Emiliano Zapata. El general Manuel D. Asúnsolo. El general Alfonso Miranda.

El 2 de junio Juan N. Carreón, gerente del Banco de Morelos, toma posesión como gobernador provisional del estado. Zapata se acerca a la capital del país, acampando con sus hombres en el Ajusco, para conferenciar con Madero que llegaría a la ciudad en días próximos.

* * *

Corrían por los periódicos y los salones de la capital las leyendas del cabecilla de los hombres de Morelos, a quien pronto llamarían el *Atila del Sur*.

Algunas repetidas con morbo, otras con estupor. Pocos intelectuales de la capital se anexaron al movimiento, como Ireneo Paz, ya en la bola desde la toma de Jojutla. Al salir de la población Zapata tenía un nuevo caballo retinto que le había regalado Prisciliano Espíritu, el cura de Axochiapan. Estaban todos en la plaza. Él con algunos de sus jefes. La bola rodeándolos.

Sonó un balazo en la mañana silenciosa de Jojutla.

Nadie pareció percatarse de lo ocurrido. Unos segundos o un minuto, no importa. Un tiro más al aire disparado por algún soldado alegre que seguía festejando la victoria. Con la detonación Emiliano sintió que se le ladeaba el sombrero. Se lo quitó y miró el agujero de la bala, el sombrero clareado. La bala iba contra él. Miraron todos al edificio de la jefatura política y todavía alcanzaron a divisar un hombre que se introducía veloz por los balcones.

Lo que ocurre a veces pasa en menos de lo que se cuenta.

Nadie se mueva, gritó Zapata, y sin desmontar subió las escaleras del Palacio Gubernamental controlando al retinto. Una y otra vez la multitud sorprendida lo veía asomarse por los balcones hasta que revisó todas las oficinas. Con la rienda tensa hizo descender al caballo las escaleras mientras llevaba el puro encendido.

Así lo cuentan en los salones, lo comentan los periodistas.

El administrador español de Chinameca, Carriles, dicen otros, nomás por bravucón le manda decir a Zapata que ya que es tan valiente y tan hombre que se acerque por allí donde tienen esperándolo miles de balas y las carabinas suficientes para recibirlo como se merece.

Entonces decide atacar Chinameca, nomás porque sí, por dignidad. Allí consiguió municiones y sobre todo moral. Y entonces la muerte de rodillas mana su sangre blanca que no es sangre. Carnicería espantosa de la que escaparon pocos hombres.

Una canción, lo que queda:

Llegó el terrible Zapata
con justicia y razón;
habló con imperio,
"vengan con una hacha
y tiren este portón".
Tembló la tierra ese día,
Zapata entró.
Los juntó toditos, y les dio las once,
e hincados frente a una peña,
"besen esta cruz y toquen clarines de bronce,
y griten, ¡que muera España!"

Viva el general Zapata,
viva su fe, y su opinión,

porque se ha propuesto morir por la patria,
como yo por la nación.

Los hacendados se van de Morelos. Escuchan las canciones en sus casas de la capital. Mujeres de ojos lerdos y rostros harinados lanzan pequeños gritos de pánico cuando los hombres narran las fechorías del bandido. Marciano Silva canta la entrada de Zapata a Cuernavaca, sus corridos son periódicos oficiales del Ejército del Sur.

A unos su figura les empieza a imponer respeto. A la mayoría temor.

* * *

Las correrías entre pueblo y pueblo no le impedían regresar a visitar a Josefa Espejo. Algo distinto le pasaba con ella. No quería robársela, le gustaba para mujer. Quería casarse con ella, tener muchos hijos, volver a sus tierras, a las sandías que había dejado pudrirse allí como gigantescas balas de cañón picoteadas por pájaros, sus tierras eran otro tipo de campo de batalla.

A ella la corteja y la enamora. Le lleva flores y gallo en su cumpleaños. Le regala un rebozo de seda morado. La besa en las noches cuando caminan juntos. Hablan poco.

Amor, yo necesito amor…
urgentemente
porque me encuentro solo
aunque rodeado esté de gente.
Lo que quiero es amor
paz y tranquilidad
para todito el mundo

pero tener paz y tranquilidad
es como querer tapar el sol con un dedo.

Le doy gracias a Dios
que es puro corazón
lo que tengo en el cuerpo
si no fuera por eso
desde hace muchos años
pues yo ya hubiera muerto.

Es que Emiliano es arisco, le dice ella a su hermana cuando le pide que le cuente qué le dice, de qué hablan todas esas horas. Como si sólo le susurrara: no llores, verano, ya me voy antes de volver a partir.

Han quedado en formalizar la boda. Él ha hablado con la madre. Ha pedido su mano acompañado de Montaño. Ha habido abrazos y copas y un tímido beso de despedida. Fijan la fecha: para el 6 de agosto, día de Santiago Ermitaño.

* * *

Pero ahora está en la serranía del Ajusco, esperando bajar con su comitiva a ver al señor Madero. Ya hace mucho de esos lances y proposiciones. En la madrugada los despierta un terremoto, la tierra les anuncia que los está esperando.

Bajan con sus tropas hasta San Ángel. Es día 7 de junio de 1911. Madero pasa revista a los soldados en compañía del ingeniero Manuel Urquidi. Allí se encuentra Andrew Almazán, quien le hace los honores.

El almuerzo es en la casa de Madero, calle Berlín. La mansión es suntuosa sin llegar a los extremos de la casa de don Ignacio de la Torre. Zapata se siente intimidado por los revolucionarios del norte, por Venustiano Carranza que parece uno de los hacendados de Morelos. No sabe que tiempo adelante habrá de convertirse en su enemigo acérrimo: Carranza rechazará las decisiones tomadas por los jefes revolucionarios en la Convención de Aguascalientes. Ahora no es más que otro personaje en la foto, ni siquiera sabe apretar bien las manos cuando saluda. Está también allí Emilio Vázquez Gómez y el hijo de Juárez, Benito Juárez Maza. Carranza, en 1913, ha de redactar el Plan de Guadalupe que desconocerá a Huerta y a los otros dos poderes y proclama la necesidad de una nueva constitución, y a Carranza como jefe supremo.

Madero hoy está exultante. Le han dado la bienvenida más tumultuosa que se haya presenciado en la ciudad desde que entró el Ejército Insurgente noventa años antes. Lo han aclamado y vitoreado por las calles mientras él cabalgaba a medio trote en su caballo acompañado de sus generales.

A media comida Madero le pregunta a Emiliano por los problemas de Morelos.

No lo deja explayarse, le interrumpe. Critica la violencia en la toma de Cuautla. Le refiere las quejas que ha recibido sobre el comportamiento de sus hombres. Emiliano se pregunta por qué causa presta oídos a esos reclamos. Hicieron una revolución, no podía ser por vía pacífica. Lo dice allí, como apenado.

Pero los desmanes, general, ¿cómo los justifica?, tercia Carranza.

La discusión se torna lenta, pesada como una tarde calurosa. Zapata no atina a convencerlos a pesar de sus explicaciones. Toman café.

Le debo hacer una petición concreta, general Zapata. Debe entenderse con los Figueroa, nuestra nueva tarea es con la paz.

No tengo ningún empacho en hacerlo así. Lo único que nos interesa es que las tierras sean devueltas a los pueblos, que se cumplan las promesas de la revolución.

Luego Madero le promete que irá en unos días a Morelos, le dice que debe ver con sus propios ojos el problema. Le habla así.

No se preocupe, general Zapata, cuando las cosas se estabilicen gestionaremos un rancho como premio a sus afanes a favor de nuestra causa.

A Emiliano le hierve la sangre, siente que todo empezó mal con esos hombres que no lo comprenden.

Que no entienden a los del sur. Atina a responder.

No me incorporé a la revolución para hacerme hacendado, señor Madero. El asunto de las tierras es mi mejor pago.

En ese momento lo único que pasaba por la mente de Emiliano era que se cumpliera la promesa de la revolución y regresar a casarse con Josefa. Cultivar sus tierras, volver a la fiesta, a sus animales. Por un momento se olvida de que está allí en una casa suntuosa de la capital y se imagina en alguno de sus caballos yendo hacia la bifurcación de los caminos, a la salida de Anenecuilco para tirarse sobre la hierba con la silla de montar como almohada a ver pasar las nubes. Se siente ridículo pensándolo, pero es así. Todo lo que ocurre en esa habitación lo perturba. Quiere huir. Desde este día huirá siempre de las discusiones, del castigo por la traición de los otros, del enfrentamiento con las palabras. Las palabras que no arreglan nada, se necesita la carabina.

Soy zapatista del estado de Morelos
porque proclamo el Plan de Ayala y de San Luis
si no le cumplen lo que al pueblo le ofrecieron
sobre las armas los hemos de hacer cumplir.

El asunto de las tierras es complicado, le dice Madero. Hay que respetar la ley, los procedimientos. Debe hacerse con cuidado. Habrá que empezar a tomar disposiciones para licenciar a sus tropas rebeldes, señor general, sentencia el líder de la revolución. Zapata discrepa, tímido. Pone en duda la disposición de los federales a respetar a un gobierno revolucionario desarmado.

Para no ir más lejos, Carreón sólo está actuando a favor de los hacendados. ¿Qué pasará con nosotros ya sin armas, entregados a la voraz voluntad de nuestros enemigos?

Ésta es una nueva era, general. Es la época de la política. Podremos llevar a cabo grandes transformaciones en este país por medio del orden. No permitiré ninguna forma de violencia. ¡Espero que se entienda claramente!

Zapata se levanta con la carabina en la mano. El silencio permite que se escuchen las respiraciones de los hombres. Se acerca a Madero y con el rifle señala la cadena de oro del caudillo. Mire, señor Madero, si yo aprovechándome de que estoy armado le quito su reloj y me lo guardo y andando el tiempo nos llegamos a encontrar de nuevo, los dos armados con igual fuerza, ¿tendría usted derecho a exigirme su devolución?

Sin duda. Incluso le pediría una indemnización.

Pues eso justamente es lo que nos ha pasado en el estado de More-los en donde unos cuantos hacendados se han apoderado por la fuerza de las tierras de los pueblos. Mis soldados y los campesinos me exigen que le diga a usted con todo respeto que desean que se proceda desde ya a la restitución de sus tierras.

Se despiden sin llegar a nada. A Zapata le queda un sabor a hierro en las encías. Se ha puesto el gallo incierto.

IV

¡Qué nómina de huesos calcinados por la impaciencia! Que les tomen la medida mientras lloran, piensa Emiliano, que entre él y los otros se interponga una muchedumbre de hombres como él. Que haga un a locura. Nada de esto es posible, la espera parece terminarse, el caudillo de la revolución se digna a visitarlos.

El 11 de junio Francisco I. Madero sale de la ciudad de México en tren rumbo a Cuernavaca. La ansiada visita a la tierra de la revolución del sur, su aliada. Por unas horas le cambió el humor a Emiliano. Había estado de malas desde su regreso de la capital aunque hizo algunas bromas con sus más cercanos mientras cabalgaba a la estación de ferrocarril. La comitiva que lo espera es enorme. Es la una de la tarde. La multitud se agolpa para saludarlo. Viene acompañado de unas ochenta personas. Miembros de su familia, comisiones de Cuautla, Yautepec y Tecala. Lo acompañan los importantes de Morelos, los de siempre: lo mismo Antonio Barrios, presidente de la Asociación de Productores de Azúcar y Alcohol, viejo amigo de Escandón, que Tomás Ruiz de Velasco, próspero comerciante de Jojutla quien representa a los hacendados. Zapata saluda a Madero con cierta frialdad y lo escolta siguiéndolo a pie junto al coche que lo lleva al centro de la ciudad.

Una doble valla de tropas surianas se forma a los lados de la calle. Flores que caen desde los balcones y las azoteas. Entra Madero triunfal al Palacio de Cortés y los hermanos Miranda y Zapata con sus escoltas presentan armas.

Van al Congreso del estado donde se pronuncian discursos entre loas y palmas. Nada parece más halagüeño. El gobernador Carreón ofrece una comida en el Jardín Borda, orgullo de Maximiliano.

Todos los conservadores y los hacendados están allí. Beben vino francés y escuchan valses. Nada aparenta haber cambiado. Zapata se rehúsa a asistir al convite. Es el ágape de los otros, cada vez siente que se le oscurecen las razones para festejar. Ni modo que se siente con los enemigos de la revolución a comer como si nada.

Después de la comida, desde el edificio del Banco de México, Madero presencia el desfile de cuatro mil revolucionarios. Pasan varias veces pero el caudillo empieza a reconocer a los mismos campesinos dando la vuelta y detiene el ya de por sí largo día de saludos.

A la mañana siguiente Madero parte hacia Iguala y Chilpancingo. Zapata no desconoce que conversará largas horas con Figueroa, su enemigo. Lo espera a su regreso el 15 de junio, día final de la gira. La conversación es breve, como la siguiente que ocurrirá de nuevo en la casa de Madero en la ciudad de México. Las posiciones encontradas. Emiliano cede, declara al diario *El País*, de filiación católica, un día después de su nueva entrevista con Madero, que si él se afilió al movimiento revolucionario no fue por la idea de lucro sino por patriotismo. *El odio demostrado hacia mí por los hacendados morelenses no me lo explico como no sea porque arrebaté a la explotación que por parte de ellos eran víctimas los obreros que les enriquecían con el fruto de su sangre y su sudor. Ahora voy a trabajar en el licenciamiento de los hombres que me ayudaron para después retirarme a la vida privada y volver a dedicarme al cultivo de mis campos, pues lo único que anhelaba cuando me lancé a la revolución era derrocar al régimen dictatorial y eso se ha conseguido.*

Había que callar a los reporteros, unos guacamayos.

Con esa declaración Zapata empieza a librar otra guerra, una de palabras. Preocupado por lo que se decía en la capital y por limpiar su imagen de bárbaro y bandido. El propio Madero le había vuelto a recriminar la destrucción de Cuautla. ¿Quién le repondría el oído a Felipe Neri, su dinamitero, que se quedó sordo después de tomar a la fuerza el convento de San Diego?

Mientras allí lo vituperan y lo insultan, las canciones lo ensalzan:

¡Pobres pelones del Quinto de Oro,
a otros cuenten que por aquí no más tres piedras,
porque la fama que hay en Zapata no tiene fin!

Lo que es el Quinto Regimiento nunca pierde, no,
decían los de ese batallón, cuando a
Morelos dispusieron los rebeldes
sitiarlos en la ocasión.
[...]
Nosotros somos disciplinados,
decían con grande satisfacción,
no pistoleros como estos vagos
huamuchileros sin instrucción.
[...]
Adiós al Quinto de Oro afamado,
mi pueblo llora tu proceder,
pues prometiste el ampararnos
y al fin corriste, ¡qué hemos de hacer!
en otras partes habías triunfado,
pero aquí en Cuautla no sé por qué
los calzonudos te corretearon
porque con ellos tan sólo tres.

En la ciudad de México se entrevista con la gente sin mayor éxito, a pesar de que ya desde el 13 de junio en la fábrica La Carolina habían depuesto las armas sus subordinados, lo que le costó cuarenta y siete mil quinientos pesos de licenciamiento y paga. ¿Tres mil quinientas armas no eran suficiente? Los hacendados seguían intrigando en su contra. Si él era el jefe de la policía en Morelos, le correspondían según el pacto, pero el mismo Carreón se había negado a entregarle quinientos rifles y municiones.

En julio estaba ya más seguro que nunca de que deseaba abandonar la política y casarse. En un mes regresaría a su vida normal.

Era una tarde a mediados del mes. Se tomaba unas copas con los suyos. Estaban cansados. Abrazó a Gildardo Magaña y brindó por el futuro. Lo trataba de hijo aunque apenas le llevara ocho años. Se apuraron nuevas copas mientras Silva les cantaba allí en Cuautla, en una cantina.

Soy zapatista del estado de Morelos
porque proclamo el Plan de Ayala y San Luis
si no le cumplen lo que al pueblo ofrecieron
sobre las armas los hemos de hacer cumplir.

Para que adviertan que el pueblo nunca se engaña,
ni se le trata con enérgica crueldad,
si semos hijos, no entenados de la Patria,
los herederos de la paz y la libertad.
[...]
Sublime general,
patriota guerrillero
que pelió con gran lealtad
por defender su patrio suelo;
espero que ha de triunfar
por la gracia del Ser Supremo
para poder estar en paz
en el estado de Morelos.

Yo como no soy político no entiendo de esos triunfos a medias, de esos triunfos en los que los derrotados son los que ganan; de esos triunfos en que se me ofrece y se me exige que dizque después de triunfante la revolución salga no sólo de mi estado sino de mi patria. ¿A usted qué le parece?

Los demás generales y coroneles entraron en la plática.

Faltaba más, él era el jefe del ejército suriano, casi el padre de Morelos.

Muchos dicen que debe usted postularse para gobernador, mi general.

No es para tanto. No me interesa el poder. Yo estoy resuelto a luchar contra todo y contra todos sin más baluarte que la confianza, el cariño y el apoyo de mi pueblo.

No se hable más.

Esa noche se firmó un pacto sin papeles, sin palabras. Los ojos de Montaño y de Magaña, de Eufemio y de Franco, los ojos de Emiliano y de los otros se miraron como no volverían a hacerlo nunca, como se miran los lobos antes de bajar del monte por comida.

Era cuestión de volver a esperar. Lo habían hecho desde siempre.

◦ ◦ ◦

Empieza a establecerse una agria correspondencia entre Madero y Zapata. El del sur escribe:

Si la revolución no hubiera sido a medias y hubiera seguido su corriente, hasta realizar el establecimiento de sus principios, no nos veríamos envueltos en este conflicto. Yo, ni por un momento he dudado de que usted sostendrá los principios por los cuales el pueblo mexicano derramó su sangre y en la cuestión a que en este momento me refiero tengo fe y la he tenido siempre en que usted evitará el derramamiento de sangre que se prepara contra nosotros. El del norte contesta que volverá a Morelos a pesar de las noticias de que su vida peligra si se entrevista con Zapata.

Emiliano es un hombre casado cuando recibe a Madero, quien lo llama *integérrimo general*. Mientras esta última entrevista ocurre, Victoriano Huerta avanza hacia Yautepec dispuesto a reducir a Zapata hasta ahorcarlo. Las cartas están echadas.

Está harto de oír que los pelones federales los llamen bandidos comevacas y que los guacamayos de la capital le apoden Atila, peligro social, aparición del subsuelo que quiere borrar la superficie.

Ya se lo había dicho a los suyos. No capitularía y no se iría de México. Quería una ley agraria, el retiro de Figueroa y el nombramiento de Raúl Madero en Morelos. Nada más.

Perdono al que mata o al que roba porque quizá lo hacen por necesidad. Pero al traidor no lo perdono, les decía a los suyos, y luego contaba siempre la misma historia acerca de un trabajador de las cercanías de Anenecuilco que tenía en su casa un perro para cuidar la casa.

Los demás lo escuchaban como si fuese la primera vez. Era un perrazo amarillo, así de grande, con orejas pachonas y largas. En cuanto el animal escuchaba a los coyotes chillar salía a perseguirlos a todo correr. Cuando el perro regresaba su dueño le decía a su mujer que echara unas tortillas como premio, bien se las había ganado cuidando a las gallinas.

Emiliano calla, toma un poco de café de un pocillo de peltre y sigue su relato. Una vez los coyotes se acercaron tanto que cuando el perro amarillo salió a perseguirlos corrió el hombre tras él pa ver si siquiera había cogido uno. Cuál será su sorpresa al ver debajo de un huizache al perro y los coyotes comiéndose alegremente una gallina. Ese perro amarillo era un traidor. Tanto que los coyotes huyeron al ver al hombre y el animal siguió comiendo. Fue sacando entonces su machete y le abrió la cabeza de un solo golpe.

Así haré yo con todos los traidores, faltaba más.

❊ ❊ ❊

Josefa le dice que le habría gustado mucho que su padre estuviera vivo para verla allí, de blanco, con él.

No te acuerdas que no quiso darme tu mano.

Por otras razones, ya lo sabes.

El cura les pregunta si están allí por voluntad propia, que si se aceptan, y ambos se colocan los anillos en los dedos.Emiliano le entrega una caja de arras sin poder decirle que allí no faltará nada porque nunca estarán en ningún lado, sino que vivirán a salto de mata, perseguidos. Lo escucha que pronuncia *lo que Dios ha unido* y luego los aplausos de los congregados. Hay un coro en la iglesia que canta y suena el órgano con su gangosa voz de ultratumba. Caminan por entre los fieles hacia ese dios charro que vela por su futuro en el incierto presente de las armas y la zozobra. Salen de la iglesia entre risas de niños en harapos, congregación famélica que ha vivido el dolor de la revolución. Huérfanos de padre y de madre y de santa tierra.

Doña Guadalupe Espejo da su bendición a los novios al salir de la iglesia y una carreta adornada de blanco los lleva al banquete.

Por la calle los siguen los niños y las tropas. Las hermanas de Josefa y algunos de sus hijos. Todo el pueblo está de fiesta. Hay cohetes y fuegos artificiales que dispuso su compadre Montaño. Y una banda numerosa los acompaña haciendo sonar sus trompetas y sus tambores.

Lo van aplaudiendo mientras él toma el brazo de su mujer. Ya ni siquiera escucha los ¡viva Zapata! que cubren las calles. Otras dos bandas tocan dentro del lugar que han improvisado para la fiesta.

> *Hombre fuerte con su piel bronceada*
> *él daba su vida por todos los demás,*
> *buscando causa justa para el mexicano,*
> *¡Que viva Emiliano, que viva el general!*
> *[...]*
> *¡Que viva Morelos que da hombres de acero!*
> *mi México entero lo puedo afirmar,*
> *¡Que viva mi patria!, ¡Que viva este suelo!*
> *Así es mi Morelos lo puedo afirmar.*

Bajan de la carreta como suspendidos en el tiempo, como si no fueran ellos dos, Emiliano y Josefa, sino otros, felices, acompañándose en los primeros años de un matrimonio normal. Una casa con hijos, la maldita plantación de sandía que abandonó, la paz. Al fin la paz.

Les tiran arroz en la cabeza.

En el lugar hay más de doscientos invitados y moles y aguardientes y carnitas y tres mujeres echando tortillas para todos. Suena un vals y Josefa le pide que lo bailen. Allí, solitarios, en medio de la nada danzan. *Y pensar que pudimos en una onda secreta de embriaguez deslizarnos, bailando un vals sin fin por el planeta,* se dicen muy adentro, pero no se atreven a romper ese silencio con la grosera magnitud de las palabras.

¿Y si después de tanta palabra no sobrevive la palabra?

Nadie puede expresarse en trozos de paloma.

Cuando se acaba la música se sientan y todos beben y dicen salud como endemoniados al son de unas guitarras que han llegado de quién sabe dónde.

La fiesta dura dos días con sus noches.

Eufemio enfurecido con los borrachos, ha empezado una guerra que no lo detendrá en contra de la indolencia y el vicio. Ha fusilado a más de uno por seguir con el aguardiente. Hoy se guarda las balas por ser la boda de su hermano, pero simplemente no puede soportar ver cómo los hombres desean por su propia voluntad parecerse a las bestias y no tienen vergüenza para saber cuándo detenerse.

Hay muchos ya bailando otros valses. Parece como que allí no pasara nada, que el improvisado salón de tierra humedecida estuviera consumando una boda nomás y no la guerra. Su mujer se apoya del brazo y él también es arrastrado por la música como si su inmensa estatura no pesara, ingrávida ante las notas y el acompañamiento.

Van y vienen nuevos invitados, otros soldados que no llegaron o cupieron al principio. Unos ya se han ido y otros se han quedado dormidos o borrachos, tirados entre las mesas sin oídos para escuchar los cohetes y sin ojos para apreciar los fuegos que rasgan de cuando en cuando la quietud del cielo. Cansados guerreros en sandalias, numéricos y exhaustos en medio del trueno. Ruego del arma de metal para la calma.

En plena temporada de lluvia hasta las nubes están de tregua.

La boda con Josefa y su luna de miel son fugaces, como un cometa, le había dicho a sus amigos. En uno de los telefonazos hasta el mismo Madero bromeó con el asunto, ¿que anda de fierro malo, recién casado, general? No les iba a quedar de otra que andar a salto de mata, de pueblo en pueblo. Pero eso aún no lo sabía. Tenía una última esperanza de que las cosas se arreglaran con Madero a pesar de que las tropas de Huerta mataban a sus hombres y ocupaban más pueblos. Sus desesperados cables y mensajeros no conseguían nada.

Le habían interrumpido los festejos con la noticia de que más de mil hombres al mando de Huerta entraban a Morelos y ahora, dos semanas después las bajas eran sensibles de ambos bandos. Huerta llamó al gobernador hombre de agua tibia y desde su cuartel en Cuernavaca sembró más miedo en los propios hacendados que en los hombres de Zapata.

El 27 de agosto publicó su primer manifiesto, aclarándole al pueblo de Morelos la persecución de que era objeto.

MANIFIESTO LANZADO POR EL GENERAL EMILIANO ZAPATA AL PUEBLO DE MORELOS

Desde que os invité en la Villa de Ayala a verificar el movimiento revolucionario contra el déspota Porfirio Díaz, tuve el honor de que os hubiérais aprestado a la lucha militando bajo mis órdenes, con la satisfacción de ir a la reconquista de vuestros derechos y libertades usurpadas. Juntos compartimos los azares de la guerra, la desolación de nuestros hogares, el derramamiento de sangre de nuestros hermanos, y los toques marciales de los clarines de la victoria.

Mi ejército fue formado por vosotros, conciudadanos, nimbados por la aureola brillante del honor sin mancha; sus proezas las visteis desde Puebla hasta este jirón de tierra bautizada con el nombre de Morelos, donde no hubo más heroicidad que la de vosotros, soldados, contra los defensores del tirano más soberbio que ha registrado en sus páginas la historia de México; y aunque nuestros enemigos intentan mancillar las legítimas glorias que hemos realizado en bien de la patria, el reguero de pueblos que ha presenciado nuestros esfuerzos contestará con voces de clarín anatematizando a la legión de "traidores científicos" que aun en las pavorosas sombras de su derrota, forjan nuevas cadenas para el pueblo o intentan aplastar la reivindicación de esclavos, de parias, de autómatas, de lacayos.

La opresión ignominiosa de más de treinta años ejercitados por el revolucionario ambicioso de Tuxtepec; nuestras libertades atadas al carro de la tiranía más escandalosa, sólo comparable a la de Rusia, a la de

África ecuatorial; nuestra soberanía de hombres libres no era otra cosa que la más sangrienta de las burlas.

La ley no estaba más que escrita y sobre ella el capricho brutal de la turba de sátrapas de Porfirio Díaz, siendo la justicia un aparato gangrenado, dúctil, elástico que tomaba la forma que se le daba en las manos de jueces venales y sujeto al molde morboso de los señores de horca y cuchillo.

El pueblo mexicano pidió, como piden los pueblos cultos, pacíficamente, en la prensa y en la tribuna, el derrocamiento de la dictadura, pero no se le escuchó; se le contestó a balazos, a culatazos y caballazos, y sólo cuando repelió la fuerza con la fuerza, fue cuando se oyeron sus quejas, y el tirano, lo mismo que la comparsa de pulpos científicos, se vieron vencidos y contemplaron al pueblo vencedor.

La revolución que acaba de triunfar, iniciada en Chihuahua por el invicto caudillo de la democracia C. Francisco I. Madero, que nosotros apoyamos con las armas en la mano lo mismo que el país entero, ha tenido por lema "Sufragio efectivo. No reelección"; ha tratado de imponer la justicia basada en la ley, procurando el restablecimiento de nuestros derechos y libertades conculcadas por nuestros opresores del círculo porfiriano, que en su acalorada fantasía aún conspiran por sus antiguos privilegios, por sus comedias y escamoteos electorales, por sus violaciones flagrantes a la ley.

En los momentos de llevarse a cabo las elecciones para diputados a la legislatura del estado, los enemigos de nuestras libertades, intrigando de una manera oprobiosa, me calumniaron a mí y al Ejército Libertador que representa nuestra causa, al grado de haberse mandado tropas federales a licenciarnos por la fuerza, porque los señores "científicos" así lo pidieron, para desarmarnos o exterminarnos en caso necesario, a fin de lograr los fines que persiguen en contra de nuestras libertades e instituciones democráticas.

Un conflicto sangriento estuvo a punto de realizarse: nosotros, yo y mi ejército, pedimos el retiro de las fuerzas federales, por ser una amenaza para la paz pública y para nuestra soberanía, e hicimos una petición justa al Supremo Gobierno y al señor Madero, que la prensa recta y *juiciosa de la capital de la República comentó con su pluma en sabios conceptos en nuestro favor.*

Los científicos como canes rabiosos, profirieron contra nosotros vomitando injurias y calumnias, calificándonos de bandidos, de rebeldes al Supremo Gobierno, cosa que ha sido desmentida por la opinión pública y por nuestra actitud pacífica y leal al Supremo Gobierno y al señor Madero.

Los enemigos de la patria y de las libertades de los pueblos, siempre han llamado bandidos a los que se sacrifican por las causas nobles de ellos. Así llamaron bandidos a Hidalgo, a Álvarez, a Juárez, y al mismo Madero, que es la encarnación sublime de la Democracia y de las libertades del pueblo mexicano, y que ha sido el derrocador más formidable de la tiranía, que la patria saluda con himnos de gloria.

El jefe de la revolución don Francisco I. Madero vino a Cuautla y entre delegados de pueblos y jefes de mi ejército se convino, en bien de los principios que hemos defendido y de la paz de nuestro estado, en lo siguiente:

1.,5, Licenciamiento del Ejército Libertador;

2.Que a la vez que se licenciaba al Ejército Libertador, se retirarían las fuerzas federales del estado;

3.Que la seguridad pública del estado quedaría a cargo de fuerzas insurgentes de los estados de Veracruz e Hidalgo;

4.Que el gobernador provisional de nuestro estado sería el ingeniero Eduardo Hay;

5.Que el jefe de las armas sería el teniente coronel Raúl Madero;

6.Que el sufragio de las próximas elecciones sería efectivo, sin amenaza y sin presión de bayonetas; y

7.Que los jefes del Ejército Libertador tendrían toda clase de garantías para ponerse a cubierto de calumnias.

Éstas fueron las promesas y convenios establecidos entre nosotros y el jefe de la revolución don Francisco I. Madero, quien expresó estar autorizado por el Supremo Gobierno para llevar a la vía de la realidad lo antes convenido.

Si desgraciadamente no se cumple lo pactado, vosotros juzgaréis: nosotros tenemos fe en nuestra causa y confianza en el señor Madero;

nuestra lealtad con él, con la patria y con el Supremo Gobierno ha sido inmensa, pues mis mayores deseos lo mismo que los de mi ejército son y han sido por el pueblo y para el pueblo de Morelos teniendo por base la justicia y la ley.

* * *

Lo estaban cercando. Escapó hacia Chinameca mientras los federales tomaban ya todas las ciudades importantes.

Huerta salió corriendo hacia Chinameca después de tomar Cuautla y le ordenó a Federico Morales, gente de Ambrosio Figueroa, que capturara al bandido.

Zapata estaba dentro de los muros de la hacienda a Morales le pareció que la presa no podría escapar esta vez. Una guardia estaba colocada en la puerta principal, resguardando la hacienda. Morales ordenó una carga de fusil contra esos hombres, con lo que alertó a Zapata.

Nada más escuchó los disparos supo de qué se trataba. Lo habían emboscado. Salió a hurtadillas del edificio principal de la hacienda que tan bien conocía y a gatas se deslizó por los cañaverales de atrás de la casona. Cuando estuvo suficientemente lejos se levantó y empezó a correr como un hombre poseído que busca un inútil exorcismo.

Un día después alguien le prestó un burro en un pueblo cercano casi vacío. Y a lomo de la bestia corrió hacia Puebla. Se hizo de noche y de día tres veces mientras él atravesaba las montañas, más solo que nunca. Lleno de tierra, con la barba crecida. Sucio y harapiento. El lodo de los cañaverales se le había pegado al traje como una costra inmemorial que se partía añeja y hambrienta.

Aquella medianoche de presagio montado en el burro medio muerto que le habían prestado pensó en los augurios y en la muerte. La oscuridad total, sin luna, era inútil guía.

Cuando se está así, a pesar de la fuerza, te invaden todas las formas del desconsuelo, se fue diciendo, desde la pequeña pena hasta la sensación de absoluto desamparo. Iba con el sombrero calado hasta las cejas, dormitando. ¿Qué había delante de él sino una imposible línea de acciones desconocidas? ¿Para qué pensar si a lo mejor de uno de esos árboles salía un pelón y se lo quebraba? Mejor estar alerta, con las orejas bien paradas, como los coyotes. Cada sonido una premonición de un final que siempre se pospone, cada ruido, incluso de las patas del burro sobre la hojarasca. Una pinche varita que se rompe. Esperada sucesión de temores que desenfundan en esa noche del carajo. Espiral de miedos, como si no hubiese recorrido cuántas veces esos caminos de noche y de día, como si no hubiese escapado una y otra vez de todos los presagios consumados.

Siente el calor del lodo secándose en el pantalón, el cansancio que intenta vencerlo en la huida miserable. Un día tiras de una reata y resulta que no hay nada del otro lado y te vienes para abajo, hasta la tierra con un ruido de piedra que cae de la montaña.

¡Cuántas veces anduvo ya así, amarrado por sí mismo a su caballo para no caerse dando tumbos por la sierra! Tampoco ahora le tocaría morir, eso lo sabía. Lo que pasa es que a ciertas horas de la noche se hacía el sufrido, llorar un poco aunque sea bien solo.

Entonces oye ladrar a los perros, únicos testigos de su paso por allí. Le ladran como si fuera un coyote que amenazara a sus gallinas. Perros que parecen más bien esqueletos vivientes que animales, espectros de una noche más larga que ésa en la que él ha escapado de Chinameca. Silba para que salga su compadre, Juan Sánchez, quien reconoce la tonadita.

¿Lo vienen persiguiendo? No se baje compadre, vámonos donde de veras lo esconda.

Así se los topa Andrew Almazán, por pura casualidad. Anduvo más de ciento cincuenta kilómetros. Era un fantasma, un desaparecido, un exiliado cubierto de tierra y de oprobio. Manda a unos mensajeros por Montaño y otros cuantos que vienen a esconderse en las montañas, con él, cerca de Ayoxuxtla.

Continuará la guerra, Victoriano Huerta pacificando con el fusil y la amenaza, con la sangre y el miedo y los zapatistas huyen despavoridos. Él con los suyos y Almazán incitando a los jefes de Guerrero,

Puebla y Oaxaca a levantarse en armas contra el gobierno. Se trata de una *contrarrevolución*, como la llama desde entonces.

Zapata se esconde y vuelve a aparecer. Toma Ozumba. Gana otras posiciones, es invencible. De todos los pueblos salen nuevos reclutas. El ejército se engrosa como un marrano bien comido, alimentado de la furia. El regreso del general a Morelos coincide con las elecciones. No hay retorno posible, se dice, sin embargo en su campamento en la frontera con Puebla, Zapata recibe a unos comisionados de Madero y les dice que ya se ha terminado la tregua, que está decepcionado del presidente y que ha traicionado los principios de la revolución.

Cuando se van los comisionados Zapata le entrega la caja negra con los papeles de Anenecuilco a su fiel Robledo.

Cuídalos con tu vida y si los pierdes te cuelgo de un huizache.

Descuide, mi general. Daré la vida por ellos.

Tú sabes, Robledo, de los mentados *Plateados*, que se rebelaron también contra el gobierno de aquel entonces. No tenían bandera ni expusieron nunca los motivos de su lucha, las ideas que hay detrás de empuñar las armas. Por eso no tuvieron muchos adeptos entre los pueblos. Se les llamaba bandidos, como a nosotros, pero a nosotros el pueblo nos quiere. Lo malo es que los guacamayos lo publican y nos llaman así. Por eso es necesario un plan.

Así habla el hombre que ha estado encerrado tres días con Montaño conversando ideas. Solos. ¿Cuántas veces de forma pacífica hemos pedido dentro de la ley la devolución de nuestras tierras? Nuestros antepasados también. O se les fusiló o se les mandó a Yucatán y Quintana Roo. A mí mismo me consignaron a la leva. No tenemos otra opción que reclamar nuestras tierras por última vez con las armas.

Llegan los otros con malas noticias. Han perdido Jojutla de nuevo. Una masacre ha ocurrido allí. Zapata aparenta no inmutarse con lo referido y termina su perorata a Robledo.

A los gobiernos nunca debe pedírseles justicia con el sombrero en la mano sino con el arma empuñada.

Tres días con su compadre, concretando las ideas. Hay que comenzar por continuar la revolución que no se llevó a feliz término. Ya usaba las palabras del plan.

Soy zapatista del estado de Morelos
porque proclamo el Plan de Ayala y de San Luis
si no le cumplen lo que al pueblo le ofrecieron
sobre las armas los hemos de hacer cumplir.
[...]
Para que adviertan que el pueblo nunca se engaña,
ni se le trata con enérgica crueldad,
si semos hijos, no entenados de la Patria,
los herederos de la paz y la libertad.

* * *

Esos días de fuga le habían servido para pensar. De Cerro Prieto a Jolalpan y luego a Huehuetlán el Chico. Allí, en una casa de adobe se encerró con Montaño. Hablaron. Su compadre le recordó las ideas de la revolución, le citó a Kropotkin, le conminó a la lucha final. Zapata recapituló todo lo que sabía y todo lo que era en esas horas aciagas.

Las palabras le devolvían la fuerza, le hacían creer que no estaba derrotado. Menos que nunca, compadre, menos que nunca.

Hambre y sed. Melancolía de tribu errabunda. Cavan los perros aullando agujeros de dolor.

Una sed de urgencia histórica, un hambre de estar haciendo lo correcto nutre el sudor de esos dos hombres escondidos en una casucha de Ayoxuxtla. En torno a una mesa rústica de madera y dos sillas viejas. El piso de tierra. Muchas velas y papel. Nada más. Lo demás lo tienen en la cabeza. Lo han rumiado como camellos en el desierto de sus vidas. Lo rumiaron también sus padres y los padres de sus padres. Es ahora o nunca.

Del 25 al 28 de noviembre no salen del lugar. Les traen de comer y de beber y los cuidan por fuera. Zapata ha pedido que no se le moleste con noticia alguna. Finalmente se abrió la puerta. Eran como las doce del día. El sol los quemaba con la misma ira. Zapata emergió del jacal como un fantasma. Llevaba su traje negro de siempre y el cabello alborotado. No se había bañado en todo ese tiempo.

Ésos que no tengan miedo, que pasen a firmar.

Así gritó hacia los hombres que se fueron acercando como un coro impaciente. Los ojos bien abiertos, las manos en los bolsillos, los oídos expectantes. Entonces Montaño, con su voz áspera de barítono y su tono de quien siempre está dando clase, empezó la lectura.

En mil novecientos once
antes de la Navidad
el general Emiliano
lanzó el plan libertador.

Fue en la Villa de Ayala
que el ejército del sur
puso en letra y en papeles
lo que en pólvora escribió.

Porque Francisco Madero
se guardó la libertad
que con cañones y sangre
el pueblo se conquistó.

No derramamos la sangre
para entregarle el poder
ni para que nos gobierne
su mezquina voluntad.

Por eso el jefe Zapata
pronto lo desconoció
porque la piel de la oveja
el lobo se la quitó.

No queremos componendas
con la gente del patrón
nos vale más andar solos
que con tanto recabrón.

La palabra de Emiliano
dice que ahora sí nos den
toda la tierra y el agua
que usurpó tanto ladrón.

Que vivan todos los pueblos
con esta revolución
y que mueran las haciendas
los caciques y el patrón.

Allí se habían congregado casi todos los jefes zapatistas llamados de última hora por Juan Sánchez a Ayoxuxtla. No todos los hombres escuchaban el texto. Los de más cerca sí, los que iban a firmarlo. Se escuchaba en medio del silencio del pueblo enjuto: *Plan Libertador de los hijos del estado de Morelos, afiliados al Ejército Insurgente que defiende el cumplimiento del Plan de San Luis Potosí, con las reformas que ha creído conveniente aumentar en beneficio de la Patria mexicana.* Hay codazos, gente que se acerca más para no perder detalle. Declaramos los principios que hemos formulado para acabar con la tiranía que nos oprime en el siguiente plan. Primero hablan de la sangre derramada por los principios de sufragio efectivo no reelección. Acusan a Madero de traidor. Hay gritos de apoyo y Otilio Montaño hace un gesto con la mano para callarlos y proseguir. Lo llaman timorato, lo acusan de haber abierto nuevas heridas para darle de beber a su propia sangre con la fuerza de las bayonetas. El tantas veces repetido Francisco I. Madero se ha burlado del pueblo, dicen, ha impuesto al vicepresidente y a gobernadores como Ambrosio Figueroa, verdugo y tirano del pueblo de Morelos. Sí, el asesino del legendario Tepepa. Todos allí lo aborrecen. Alguien escupe en la tierra. Madero es llamado inepto, nuevamente traidor. *Y desde hoy comenzamos a continuar la revolución principiada por él, hasta conseguir el derrocamiento de los poderes.* Se escucha esta última frase y se oyen aplausos. Desconocen a Madero y reconocen al ilustre general Pascual Orozco y en el caso de que éste no acepte al general Zapata.

La Junta Revolucionaria, sigue Montaño, hace suyo el Plan de San Luis Potosí con las adiciones que a continuación se expresan.

La Junta no admitirá transacciones con los elementos dictatoriales y se hace constar que los terrenos, montes y aguas que hayan usurpado los hacendados, científicos o caciques a la sombra de la tiranía y la justicia venal entrarán en posesión de estos bienes inmuebles desde luego, los pueblos o ciudadanos que tengan sus títulos correspondientes a estas propiedades de las cuales han sido despojados.

Los hombres allí arremolinados sudan en el sol de la tarde. Entonces escuchan que debido a la falta de propiedades la mayoría del pueblo se halla hambriento. Se expropiarán, lee Montaño, previa indemnización de la tercera parte de estos monopolios, a los poderosos propietarios de ellos, a fin de que los pueblos y ciudadanos de México obtengan ejidos, colonias, fundos legales para pueblos o campos de sembradura de labor.

Prosigue así, arrancando bravos y nuevos aplausos. Grita finalmente la consigna: *Justicia y Ley*, y suena la música.

¡Viva Zapata!, se escucha. Una y otra vez.

Suena la música de los líricos de Miquetzingo, el pueblo de Juan Sánchez. Son las notas del Himno Nacional. La mayoría se descubre. Luego de las notas, pronuncia su discurso, improvisado, casi una arenga, Trinidad Ruiz y de nuevo Montaño y se anuncia que se jurará bandera.

Se trataba de la misma bandera de raso de seda que acompañó a Zapata durante la campaña maderista. En ella estaban todos los muertos. Un silencio sepulcral invadió el lugar con aire de compasión y olor de sufrimiento.

La levantó en sus manos uno de los jefes. A su izquierda Eufemio y a la derecha de la bandera Emiliano. Los agraristas comenzaron a desfilar con precario orden. Sonó la campana del pueblo y volvieron los de Miquetzingo con su murga.

Alguien había traído cohetes, seguro el mismo Sánchez. Y empezó la algarabía. No sólo tenían su propio plan, su razón. Había que hacerlo circular de inmediato.

Uno a uno van pasando a la mesa rústica los jefes a firmar. Hacen juramentos de defender con su vida el Plan de Ayala. Cuando el documento está firmado se lo guardan los cercanos y se van con el general Zapata por el rumbo de Ajuchitlán, cerca de Huautla, Morelos. Emiliano les pide a Próculo Capistrán, a Emigdio Marmolejo y a Bonifacio García que vayan a invitar al cura de Huautla para que les ayude a hacer las copias. Tiene su máquina de escribir que compró en la hacienda de Guadalupe, eso lo sabe el general. Que traiga papel carbón.

¿Y si no quiere venir el cura?

No le vas a consultar que si quiere venir. Lo traes y ya, Próculo. Y si se opone a prestar un servicio a los campesinos de su tierra te lo traes a pie y que cargue en su cabeza la máquina de escribir.

Pronto acude el sacerdote, sorprendido.

Necesitamos varias copias de este plan que llamamos de Ayala. Léalo.

Se pasa allí varias horas tecleando torpemente y al terminar le dice a Zapata para que lo escucharan todos.

General, esto está muy bien. Era lo que ustedes necesitaban.

Por eso cuando Huerta me aseguró que terminaría con Zapata yo le dije que a usted, general, no lo cogerá más que la chingada.

Ríen y corren los abrazos.

[...]
hermoso Villa de Ayala.

Es un pueblito bonito de veras
es un pueblito bonito de veras,
pues sin pretensión ninguna.

[...]
En ese mismo pueblito bonito
en ese mismo pueblito bonito,
también nació el Plan de Ayala.

El que firmaron los hombres
el que firmaron los hombres,
para pelear por tierra y agua.

No hay tiempo que perder. Es la hora de la guerra. Sí, de la guerra contra todo y contra todos.

Ahora hasta extrañaban los primeros días del gobernador interino Francisco Naranjo, hijo de un luchador de las causas populares del norte. Desde que llegó a Morelos declaró que venía a obrar para el bien de la gente del lugar. Le ofreció la Secretaría de Gobierno a Antonio Díaz Soto y Gama, del viejo Partido Liberal, un anarquista que en 1914 ingresaría al zapatismo. Soto y Gama rehusó diciendo que el gobierno nacional confundía los reclamos campesinos con bandidaje y que él no podía participar en esa clase de política. Sin embargo, muchos años después Naranjo recordaría que en Morelos encontró que faltaban tres cosas: arados, libros y equidad. Tiene demasiados latifundios, tabernas y caciques. Ingeniero del norte que se indignaba al saber que Yautepec no tenía ya lugar para más muertos en su cementerio o que Cuautla carecía de un espacio para verter la basura. Sus discursos eran famosos, al grado de ocasionar tumultos. Eran otros tiempos. Los federales estaban dispuestos a aniquilar a Zapata y a sus huestes costara lo que costara y estaban destruyendo Morelos a mansalva.

Malos tiempos, casi eternos. Tiempos de diluir la esperanza en un futuro, de aferrarse de nuevo al mísero pasado y a sus cargas de nostalgia barata.

El zapatismo amenaza con destruir lo que en más alto llevamos, nuestra nacionalidad, escribía un periodista de *El País*, aquel diario de guacamayos al que vanamente había querido convencer el general de la seriedad de sus miras.

Ante los ataques de De la O, se ordenó quemar Santa María. Las casas y los bosques con obuses de artillería. La hija de Genovevo murió en el incendio, se habían traicionado todas las reglas de la guerra. Naranjo empezó a ver sus ideas de progreso para Morelos como irrealizables por culpa de una guerra con la que él hubiese terminado sin un litro más de sangre.

Revoluciones van y revoluciones vienen y yo seguiré haciendo la mía. Ésa era la frase predilecta de Zapata. Los federales se hacen sanguinarios con Juvencio Robles quien pone en práctica estregias aprendidas en los libros acerca de la guerra africana de los boers, el incendio sistemático de pueblos y la recolonización o exilio masivo y forzado. En cada comunidad era más vengativo. Del lado de los zapatistas Genovevo de la O se dedica con la misma fruición a volcar trenes.

El nuevo jefe militar, Felipe Ángeles, es más benigno. No desea ampliar la guerra. Acepta la razón de los campesinos, dice que no quieren que el vergel de su estado sea un infierno. Empiezan las elecciones en las ciudades y poco a poco el movimiento parece languidecer. En el Hotel Buenavista, de la señorita King, Ángeles y su esposa viven esos días de campaña. Después de las brutalidades de los otros difícilmente se le puede llamar militar. Al contrario, es una campaña de negociación. Saca de la cárcel a las hermanas y a la cuñada de Emiliano, ofrece amnistías y pacta la transición de poderes con el nuevo gobernador, Patricio Leyva. Morelos parece entrar a la calma. Curioso. Sólo se necesitaba un poco de paz.

La revolución del sur languidece. No tienen armas ni dinero y se refugian en Acatlán, Puebla.

* * *

¿Y de qué sirve una palabra, indignación, se pregunta Emiliano Zapata, cuando no se tiene nada, ni siquiera la esperanza de salir vivo de esta lucha sin tregua, sin cuartel? Desde el estudiado exilio Zapata le escribe a Genovevo de la O que deberá desarmar a quienes cometan abusos en esta etapa de la guerra.

Al General Genovevo De la O.

Donde se halle.

Tengo conocimiento que existen algunos hombres dispersos en algunas poblaciones que pertenecen a la zona de su mando, procure con toda la prudencia necesaria incorporarlos, pues algunos tienen justificada causa para presentarse sólo cuando se les llama, tal vez por escasez de

víveres o de recursos lo hagan así y solamente aquellos que no tengan
causa justificada que exponer ni motivo legal para estar fuera de las
filas de las fuerzas de su mando y que cometan abusos o depredaciones
de una manera exagerada imposible de tolerar, ésos únicamente serán
desarmados.

Esta orden se la hará extensiva a todos los Jefes, Oficiales y soldados
de su mando.

Lo que comunico a usted para su conocimiento y demás fines.
Reforma, Libertad, Justicia y Ley.
Campamento Revolucionario en Morelos,
Septiembre 20 de 1912.
El General en Jefe del Sur.

❊ ❊ ❊

Sin embargo el letargo durará poco, la situación para Madero es ya insostenible.

En la ciudad de México también comienza otra guerra que sería aun más dañina para Zapata, aunque él no lo sabe. En sus ojos brujos brilla la candela de un condenado. La suerte del universo todo está echada: las ojeras de la muerte como dos ases fúnebres de lodo.

V

¡Qué ganas de no tener ganas!, piensa Emiliano, de estarse en casa con Josefa sin hacer nada. Ganas de volver, de amar, de no ausentarse. Ganas de morir, combatido por dos aguas encontradas que jamás han de istmarse.

Emiliano no posee besos para amortajar la vida, sólo agonía ardiente, suicida, ¡qué ganas de no tener ganas!

Pronto vuelve la primavera y pronto se irá. En febrero de 1913 Victoriano Huerta consuma su lento ascenso de muerte y traición. Asesina a Madero y al vicepresidente Pino Suárez pretextando que ambos se escapaban.

Gustavo A. Madero sospecha desde mucho antes del general Victoriano Huerta. Con las pruebas en la mano, lo aprehende en Palacio Nacional, lo desarma personalmente y lo lleva ante su hermano para advertirle que había descubierto a Huerta en arreglos con Félix Díaz. Huerta se justifica con el presidente y promete demostrar su lealtad tomando la Ciudadela al día siguiente. Madero lo escucha con atención. Acto seguido, le regresa la pistola que Gustavo le había quitado y además reprende severamente a su hermano por dejarse llevar por la primera impresión y por el primer impulso.

Gustavo no da crédito a lo que sucede. Antes de cumplirse veinticuatro horas, Huerta demuestra lo que significaba la lealtad y en la tarde del 18 de febrero se consuma la traición. Madero y Pino Suárez son aprehendidos en Palacio Nacional y encerrados en la intendencia del viejo edificio. Casi al mismo tiempo, Gustavo Madero es detenido en el restaurante Gambrinus por órdenes de Huerta. Eran las dos de la mañana del 19 de febrero cuando Gustavo y el intendente del Palacio, Adolfo Bassó, llegan a la Ciudadela. De inmediato comienza el martirio. Gustavo desesperadamente intenta salvarse invocando su fuero de diputado. Como única respuesta recibe una bofetada del traidor Cecilio Ocón:

Así respetamos nosotros tu fuero, le dice.

Excitada, la turba de soldados se arroja sobre Gustavo dándole de puñetazos, escupiendo sobre su rostro, pateando su cuerpo. De pronto, un soldado de nombre Melgarejo, toma su bayoneta y descarga un brutal golpe sobre el ojo sano de Gustavo dejándolo ciego. La sangre corre a borbotones por todo su cuerpo. El honorable ejército de la Ciudadela estalla en carcajadas.

Algunos soldados siguen el ejemplo de Melgarejo y comienzan a picar con bayonetas y cuchillos a la víctima que hace hasta lo imposible por mantenerse en pie. Otros le disparan a quemarropa procurando no matarlo aún. Gustavo llora de dolor, de rabia y de impotencia. Sus lágrimas se mezclan con la sangre. Los verdugos le gritan cobarde y llorón y arremeten con más furia. En medio de la vejación, un disparo de pistola alivia finalmente el dolor de Gustavo.

Aún sin saber de la terrible muerte de su hermano y presionado por varios ministros y por su propia familia, el presidente Madero acepta presentar su renuncia al Congreso la mañana del 19 de febrero. Pino Suárez sigue el mismo derrotero. Ambos son persuadidos de que con ese acto pondrían a salvo sus vidas y la seguridad de sus familias sería garantizada. Presos en Palacio Nacional, Madero y Pino Suárez abrigan la esperanza de salir con bien del terrible trance. Corre el rumor de que serán enviados a Cuba. El general Felipe Ángeles, también prisionero, no es tan optimista.

Madero y Pino Suárez vivieron la víspera de su martirio al lado de Felipe Ángeles. Cinco días compartieron la angustia de la incertidumbre y el paso abrumadoramente lento de los minutos. La mañana del 22 de febrero don Francisco recibe la visita de su madre. Doña Mercedes, con el rostro demacrado, le comunica la terrible muerte de Gustavo. Pasadas las diez de la noche, el mayor de rurales Francisco Cárdenas, acompañado por otro hombre, irrumpe en la intendencia del Palacio con la orden de trasladar a Madero y a Pino Suárez a la Penitenciaría del Distrito Federal. Don Francisco abraza al general Felipe Ángeles.

Un día antes, Francisco Cárdenas solicitó al gobierno huertista su traslado e incorporación al ejército federal. Huerta lo recibió con los brazos abiertos pues pensó que el hombre era el indicado para dar muerte a Madero.

Cárdenas ordena al ex presidente Madero que aborde un automóvil estacionado frente a la intendencia del Palacio. José María Pino Suárez, custodiado por el teniente Rafael Pimienta, sube a otro vehículo. Cerca de las once de la noche, los dos automóviles abandonan Palacio Nacional y enfilan hacia la penitenciaría de Lecumberri. Al llegar a la entrada principal, se detienen un instante y se les informa que deben ingresar por la parte posterior del edificio. Los vehículos se detienen. Cárdenas obliga a Madero a descender del auto y en ese instante, sin atreverse a mirarlo de frente, le dispara dos veces en la parte posterior de la cabeza. El cuerpo exánime de Madero cae al piso lleno de sangre. Al percatarse de la suerte de su amigo, Pino Suárez, que también había descendido del vehículo, intenta huir pidiendo auxilio. Rafael Pimienta toma su carabina y con ayuda de varios hombres dispara indiscriminadamente sobre el otrora vicepresidente que cae acribillado por los impactos de bala.

Son diez días terribles. La misma turba que dejó ciego a Gustavo, había jugado con el ojo de vidrio, incluso más tarde, en la cantina, la soldadesca se pasaba el ojo como trofeo. Diez días de refriega en que los temidos zapatistas nada tuvieron que ver. Ellos estaban en Morelos, librando otra guerra injusta mientras en la ciudad de México decenas de miles morían en las calles. Fue la única parte de la revolución que vivieron en la ciudad.

Ahora el usurpador le daba la razón al Plan de Ayala. Muchos meses por delante. Más sangre y más miedo.

En los primeros meses las fuerzas de todo el país están desconcertadas con los sucesos. Madero no es todavía un mártir, para muchos tan sólo la víctima de sí mismo. Incluso Venustiano Carranza recuerda a sus amigos desde Sonora antes de romper con Huerta, que previno al presidente de que si no rompía del todo con el porfirismo nunca podría gobernar. Francisco Villa, exiliado en Texas, olvidó rápidamente las ofensas de su apóstol. La muerte de quien lo encarceló y ninguneó lavaba todas las heridas. Le empezó a llamar *Maderito*. Y con el dinero del fugado gobernador Maytorena, pagó sus deudas en El Paso, compró seis caballos y seis rifles y se fue para Chihuahua a levantarse contra Huerta.

Tampoco Zapata podía pactar con su antiguo perseguidor, su némesis, Huerta. Emiliano se entera por un mensajero que unos emisarios del presidente usurpador están con De la O y le escribe de inmediato una nota, *la revolución del Sur, Centro y Norte no está de conformidad con los traidores que se apoderaron del Gobierno y los revolucionarios no nos debemos creer en nada de ellos, porque nos expondríamos a un fracaso y ni se les debe tener ninguna confianza; pues, ¿qué esperaríamos para nosotros de estos infames que traicionaron y asesinaron a sus amos, a quienes le deben todo lo que tienen de riquezas y el lugar que ahora ocupan? No, de ninguna manera hay que creerse de estos malvados y en todo casi procure usted batirlos hasta exterminarlos.*

Quien escribe ya toda la correspondencia de Emiliano es Manuel Palafox, su secretario: el *Ave Negra*, como lo apodarían por su habilidad para la intriga. Había llegado al campamento de Zapata en 1911 pidiendo protección para la hacienda de Tenango a cambio de dinero. Por alguna razón Zapata no lo fusiló y reconoció en él a un hombre leído que podía serle de ayuda. Desde esa posición Palafox, taimado y astuto, fue ganándose la confianza del líder, haciendo a un lado a los revolucionarios originales. La suerte del indispensable, se decía a sí mismo cuando notaba que el general le encomendaba tareas más y más serias. De amanuense a consejero en menos de lo que canta un gallo, solía fanfarronear con unas copas. Pero no tenía amigos. Terminaba bebiendo solo. Él mismo terminó cobrando los impuestos de guerra a las haciendas y pactando la protección que solicitó al unirse a la bola.

Empezaron a ir y venir los enviados de Huerta a los campamentos zapatistas. Luis Cagijal, amigo antiguo y luego informante de los hacendados, a quien culpaban de haber invitado a Zapata a cenar a Chinameca cuando Morales lo emboscó sin éxito.

Jacobo Ramos Martínez, cercano al ex gobernador Naranjo y una de las personas que más estuvo en contacto con Emiliano en los frustrados planes de pacificación de Morelos.

Naranjo, a nombre de Huerta, mandaba a Ramos Martínez a hablar de paz y los federales quemaban los pueblos. Tampoco le tenían confianza. Simón Beltrán, quien había desertado con cien hombres y ahora quería regresar a las filas de la revolución. Otro traidor. Sin embargo el Plan de Ayala reconocía en Pascual Orozco al legítimo sucesor de Madero y así lo sabía Victoriano Huerta quien había pactado con él. Orozco iniciaba una campaña en el norte contra Villa.

Hasta allí mandaron al padre de Pascual Orozco a convencerlo de que depusiera las armas. Zapata se encuentra, como lo estará casi siempre a partir de ese momento, malhumorado. Una mezcla de confusión, rabia e impotencia que no dejará de asaltarlo por sus noches y sus días.

Si usted pacta, general, de seguro el presidente le permitirá poner a su gobernador y todos quedamos en paz.

Yo no hice esta revolución para asaltar puestos públicos como ustedes, replica enfurecido Emiliano. Usted es parte del lúgubre espectáculo con que el gobierno taimado del señor Madero ha traicionado la revolución.

El presidente le ofrece dinero, una buena posición para su retiro. Asimismo plena seguridad para su persona y su familia, general.

Yo tengo mi propia protección, así que muchas gracias.

Piénselo bien, dice el padre de Orozco cuando ya han terminado de comer. Sigue un silencio larguísimo.

Se les pagará a sus tropas. Toda revolución triunfante debe premiar a sus soldados. Habrá pensiones para las viudas y los huérfanos y la solución al problema de las tierras tan pronto se pueda. Se lo estamos pidiendo como un nuevo acto de patriotismo. Lo hacemos porque estamos seguros de su amor a la patria. Si usted actúa con honor el presidente Huerta responderá con honor.

Zapata aparenta conciliar. Pide que se retiren todas las fuerzas federales del estado mientras piensa seriamente la propuesta.

Luego cabalgan por las montañas y duermen. Dos días conferenciando de esa forma. Un paso adelante y dos atrás. Finalmente las tropas federales inician su retirada. Así se lo informan a Zapata. Es un signo de buena voluntad, general, interviene Orozco.

Emiliano ordena que se les embosque, corte la retirada y se destruyan las comunicaciones intentando retomar todas las posiciones importantes. Tiene su propia información. Le preparan una celada mayúscula, lo están cazando. Son chacales, son animales en celo. Traidores. No puede tenerles confianza.

Por la tarde otro informante le dice a Zapata que en realidad las fuerzas federales los están intentando rodear. Se están acercando a Temilpa, la hacienda en la que Orozco quiere continuar las pláticas. Zapata manda buscar a los traidores. No importa que estén escondidos en el infierno, los traen para acá.

A Ramos Martínez ya lo tenían preso en Tlancualpicán, en Puebla. En menos de seis días habrán capturado a Orozco, a Beltrán y a Cajigal, con muchos otros hombres y rehenes.

Unos pensaban que había que quebrárselos allí mismo. El 30 de marzo se fusiló a Simón Beltrán sin miramientos. Había traicionado a la causa. El general Zapata instruyó a Palafox para que a los otros se les siguiera un juicio. El antiguo estudiante de ingeniería estaba ante la primera gran oportunidad de mostrar su talento. Con un metabolismo acelerado para el ascenso y la cara picada de viruela comenzó a interrogar a los prisioneros el 27 de marzo. Todos pasaron también frente a Zapata pidiendo clemencia y prometiendo paz inmediata. Palafox los acusó de querer dividir a la revolución intentando pactar con los jefes sin anuencia de la Junta. A Orozco y los suyos, además, Palafox los encontró culpables de querer asesinar al jefe de la revolución, a Emiliano

Zapata. Orozco había mentido, argumentaba Palafox, al presentarse como sólo un representante de su hijo, con cartas incluso de él y no como lo que era, esbirro del gobierno de Huerta.

Para Zapata las cosas estaban claras: cualquier régimen que se quisiera legítimo debía reconocer el Plan de Ayala y someterse a él.

Adentro de esa improvisada corte, sin embargo, el drama no era tan claro. Si bien Palafox era el fiscal del caso y podía interrogar y sacar declaraciones, el juez era Otilio Montaño. En los días que siguieron el compadre de Emiliano acusó a Palafox, una y otra vez, de no tener pruebas suficientes para incriminar a los acusados. Sin pruebas no podemos sentenciar, reiteraba en cada nueva audiencia.

Montaño llamaba en esas ocasiones a Orozco y sus acompañantes, *comisión de paz*, lo que irritaba a Palafox. El proceso fue largo y lleno de las rabietas del fiscal. Sin posibilidad de llegar a un veredicto entraron al verano. Zapata estaba visiblemente molesto. Esa justicia sutil de la Constitución de 1857 a la que Montaño hacía constantes referencias, era la misma con la que se había actuado en contra de su pueblo por años. Así se los comentaba a ambos hombres en las pláticas privadas. Montaño insistía en que este juicio debía ser la prueba ante la nación del buen proceder del Ejército del Sur.

Una tarde de junio, harto de la inhabilidad de Palafox para obtener pruebas contundentes, Montaño declaró a los prisioneros en libertad. Los esfuerzos del secretario de Zapata habrán sido enormes porque no se les permitió salir de allí y el juicio continuó. Se quejó, una noche en que los dos estaban decidiendo finalmente ante su jefe, de ser ridiculizado y ofendido por Montaño cuando sus labores como secretario de la Junta le impedían trabajar más arduamente en el caso. Montaño a su vez lo acusó de querer entorpecer todos sus esfuerzos a favor de la revolución que tanto amamos.

Fueron meses de intensa correspondencia en el cuartel zapatista. Palafox lo mismo despacha cables que largas misivas a Félix Díaz, al propio Huerta, a Pascual Orozco hijo y a Francisco Vázquez Gómez. La retórica de las cartas era casi siempre la misma, declarar ilegal el gobierno de Huerta, sugerir que los errores del golpe de Estado podían legitimarse acogiéndose al Plan de Ayala. No era justo traicionar a una revolución que ya le había costado a la nación tantas vidas y tanto dolor.

La guerra seguía fuera del cuartel con rápidas incursiones al norte del estado, incluso a la capital del país. Meses después, el 27 de mayo de 1914, Huerta cerró la Casa del Obrero Mundial, foro natural del anarquismo. La mayoría de sus miembros corrieron a Morelos, su refugio más cercano. Antonio Díaz Soto y Gama, Ángel Barrios, Paulino Martínez, Gustavo Baz, Rafael Cal y Mayor, Miguel Mendoza, Santiago Orozco y Enrique Bonilla lograron introducirse a las filas del zapatismo con prontitud, mostrando sus capacidades. Zapata empezó a confiar en estos intelectuales de la ciudad para sostener su movimiento.

Las armas y las letras estaban juntas en esta etapa. Baz curó a la hija de su querido general Francisco Pacheco, y Alfredo Serratos comenzó a traducir al inglés cartas y documentos además del propio Plan de Ayala. Un general a las órdenes de Robles, Rasgado, siguió en su empeño de arrasar los pueblos y quemarlos. Cuando tomó Huautla pudo llegar al cuartel de Zapata. Abandonado. Declaró haber encontrado el archivo, armas. Lo único que en realidad halló fueron los cuerpos de los comisionados de paz, Orozco, Cagijal y a los suyos recientemente ejecutados con el juicio a favor de Palafox.

Huerta creyó sin embargo los mensajes de Rasgado y de su jefe, Juvencio Robles, quien fue promovido a General de División. En lugar de esto la gente cantaba con gusto:

> *Adiós, Cartón y Juvencio Robles,*
> *adiós Rasgado, bravo adalid,*
> *llévenle a Huerta sus batallones*
> *y su estrategia tan infeliz*
> *díganle que ya no hay poblaciones*
> *ni bandoleros que perseguir,*
> *sólo Zapata y sus escuadrones*
> *siempre dispuestos a combatir.*

∗ ∗ ∗

Las tentativas de Robles, los trabajos de recolonización, la expulsión de los pueblos. Todo iba irritando aun más a Emiliano. Pero se agravaron las cosas cuando arrestaron a su madre política y a las hermanas de Josefa. Se llevaron a todas las mujeres a la prisión en México, que dizque por espionaje, le fueron a decir el mismo día al campamento. Cuando se lo comunicó a su mujer las lágrimas de rabia no fueron más dolorosas que su grito, ¡que no les hagan nada, Emiliano!, y lo abrazó, golpeándole frenéticamente el pecho con las manos. Doña Guadalupe allí, en una cárcel de la capital, y él sin poder hacer nada. Habían intentado todo, comprar a Eufemio y a él mismo por diez mil pesos mientras el cabrón intermediario Ramos Martínez se iba a llevar cien mil. Entonces leyó el artículo del periódico que le trajo Palafox:

30,000 JAPONESES COLONIZARÁN MORELOS. LOS INDUSTRIOSOS NIPONES IRÁN A FERTILIZAR LOS CAMPOS DEL RICO ESTADO

Ya hemos explicado en estas columnas, que la idea del gobierno al proceder al sistema de concentración parcial en el estado de Morelos, es después de haber agotado todos los recursos conciliatorios con los bandoleros que reclaman condiciones imposibles para rendirse, como es el reparto total de las haciendas del estado, que no sería posible para el gobierno, por bien dispuesto que estuviera, por el desembolso que la adquisición de ellas importaría y por otras consideraciones de gran importancia. Por estas causas bien conocidas, se ha procedido a la concentración de los habitantes pacíficos, escogiendo a los pueblos más importantes para concentrarlos, procediendo contra los alzados en una forma eficaz y violenta para exterminarlos, privándolos de los centros de aprovisionamiento, que son destruidos por las fuerzas. Como también gran número de habitantes que no pueden probar que trabajan son detenidos y enviados al ejército para engrosar las filas en el Territorio de Quintana Roo, pronto el estado de Morelos quedará con escasos y contados habitantes y por ende las industrias y los trabajos de campo especialmente, quedarán paralizados y todo el estado sin movimiento. Esto es lo que ha meditado el gobierno, que tendrá que ocurrir dentro de pocos meses, y para el efecto ya ha tomado sus providencias para cortar el mal de raíz, exterminando la semilla zapatista para que no vuelva a germinar y enviando nueva gente a colonizar el antes rico estado. Desde hace algún tiempo se acercaron al gobierno varios comisionados japoneses prominentes, para solicitar una parte de territorio en alguno de los estados de la República, con objeto de que veinte o treinta mil japoneses lo colonizaran, dedicándose a trabajos de campo, asegurando al gobierno hacer progresar en poco tiempo, con sus esfuerzos, la región que se les destinara. Esta solicitud tan benéfica, puesto que son bien conocidas las aptitudes e inteligencia de los nipones en todas las industrias, la ha tenido en cuenta el gobierno y piensa acceder a ella dedicando el estado de Morelos para dicha colonia, tan pronto como ya no se encuentre en él ningún solo bandolero, ofreciendo a los japoneses todas las seguridades del caso, puesto que ellos se someterán en todo a nuestras leyes.

Por el impulso de los japoneses industriosos y trabajadores, aun cuando el estado de Morelos quede casi en ruinas y asolado por completo por la guerra que se ha librado durante tanto tiempo en sus tierras antes fértiles y productivas, en poco tiempo, en meses tal vez, los nipones harán que el estado adquiera su antiguo prestigio y esplendor, figurando como siempre como una de nuestras más ricas entidades.

Rompe en pedazos el periódico.

Exterminarme con un carajo, a ver si pueden, Palafox. Nunca había leído tanta pendejada junta. Manda a alguien a la cárcel para ver si doña Guadalupe y las niñas están bien. Que les lleven comida y ropa. ¿A cuántos se han llevado esta vez para la leva?

Más de mil hombres.

Entonces dicta una carta para Genovevo de la O en la que le pide que reclute a todos los que no han querido sumarse al ejército, antes de que se los lleven de Morelos. Luego llama a sus jefes. Hay que intentar un golpe de verdad, romperle la moral a Robles y a Huerta, demostrar que allí están para lo que se les ofrezca.

* * *

¿Con qué mano despertar? ¿Con qué pie morir? ¿Con qué ser pobre? ¿Con qué voz callar? ¿Con cuánto comprender?, y luego, ¿a quién?

Emiliano de tanto pensar se ha quedado sin boca. Durante dos días no habla con nadie, no pronuncia palabra. Escupe, fuma un puro tras otro y cabalga entre su campamento y algunos otros, pero a nadie le dirige le palabra, no desmonta. Lo sorprende en su caballo blanco lo mismo la madrugada que el calor del mediodía. Está allí, hierático, como un sol que emerge y se pone por capricho. Un sol humano que igual calienta.

Y ellos lo miran y tampoco dicen nada.

Estaban fijadas las elecciones para el mes de octubre. Se habría de elegir presidente y vicepresidente. La libertad de sufragio parecía al menos una conquista de la revolución. Ante la prensa Huerta mintió, refugiado en la bebida y el oprobio, como siempre, diciendo que no tenía candidato alguno y se mantendría imparcial. ¡Que los partidos políticos lanzaran libremente a sus candidatos! El gobierno se mantendría como garante del orden. Entre los candidatos surgió el escritor Federico Gamboa. Mientras tanto nuevos jefes y soldados se sumaban a la revolución del sur. Tlaxcala, Puebla, Guerrero, Michoacán, Hidalgo, enarbolaban la bandera del Plan de Ayala. En el norte Villa había obtenido la más sonora de sus victorias hasta entonces, tomando Torreón. Eutiquio Murguía, quien había rendido la plaza fue sujeto a consejo de guerra, pero no se le pudo juzgar ante las pruebas. Victoriano Huerta se había quedado sin dinero y el anhelado préstamo exterior no se concretaba. Entonces se intentó un préstamo interno entre los estados para conseguir cincuenta millones de pesos.

Doce mil hombres al mando de Villa lograron vencer en Torreón. Gigantesca victoria que urgía al propio Zapata a hacer algo. Villa había ido tomando las poblaciones cercanas: Sacramento, Lerdo, Gómez Palacio, para cercar la ciudad.

La División del Norte y los famosos *Dorados* siguieron ganándole terreno al Ejército federal, destrozando una columna tardía que venía en refuerzo de Torreón cerca de San Pedro de las Colonias.

En junio, a pesar de que Carranza se lo impidió diciendo que el general Natera debía tomar Zacatecas, Villa entró triunfante. Natera, como Obregón, sí era un favorito de Carranza. No así Villa, otro bandido como el de Morelos, como su odiado Zapata. Doce días infernales no fueron suficientes para que Natera triunfase. Villa aniquila de una vez por todas al Ejército federal. Más de diez mil hombres con toda su oficialidad, trenes, artillería, pertrechos y víveres. Nadie logra escapar del exterminio.

Carranza le impide nuevamente a Villa el avance sobre Aguascalientes. Asciende a Obregón y a González, destituye a Felipe Ángeles como subsecretario de Guerra y encargado del despacho de su gabinete. A eso se le agrega la áspera reacción de Villa porque se le niega a su División la naturaleza de ejército. Carranza impide que las locomotoras le lleven carbón a Villa para avanzar y lo incomunica. Una nueva ruptura amenaza a las fuerzas del norte. De todo esto se entera puntualmente el general Zapata por sus informantes.

En esos duros momentos de silencio aparecieron las palabras. Zapata dirigió un nuevo documento, un *Manifiesto a la Nación,* anunciando no que claudicaba, como muchos hubiesen esperado, sino su próxima victoria en la hora decisiva en que los pueblos se hunden o se salvan. *Nuestros enemigos,* se escucha de nuevo el grito de Ayala allí soterrado en las palabras del nuevo texto, *los eternos enemigos de las ideas regeneradoras, han empleado todos los recursos y acudido a todos los procedimientos para combatir a la revolución, tanto para vencerla en la lucha armada, como para desvirtuarla en su origen y desviarla de sus fines.*

Hay que decirlo todo, de una buena vez, piensa Palafox, y sugiere ideas. Palabras. Que se demuestre que saben lo que quieren, no que buscan los vanos oropeles de la gloria. Así lo dice: Ni las ambiciones bastardas o la pobre satisfacción del medro personal, la triste vanidad de los honores. Ante la causa no existen las personas. Lo mismo Porfirio Díaz que Madero, el caudillo de 1910, traicionaron a la patria.

Ahora el gobierno de Huerta, como el de sus predecesores, ha sostenido la guerra de los ahítos y los privilegiados contra los oprimidos y los miserables. El poder como prebenda. Otilio Montaño tercia allí, en la conversación y el documento. Conviene hablar de la riqueza del país, de sus enormes capacidades mineras y agrícolas, que es de unos cuantos y no de los quince millones de habitantes del país. Dicta también: *Es más, el burgués no conforme con poseer grandes tesoros de los que nadie participa, en su insaciable avaricia, roba el producto de su trabajo al obrero y al peón, despoja al indio de su pequeña propiedad y no satisfecho aún lo insulta y golpea haciendo alarde del apoyo que le prestan los tribunales.*

El juez al servicio del canalla, como ha dicho tantas veces. Hay que reformar las instituciones para poder mejorar las condiciones económicas, eso también tiene que aparecer allí, es la causa de que el zapatismo no haya reconocido aún a ningún gobierno porque ninguno ha aceptado la vigencia del Plan de Ayala. Se trata de proporcionar pan a los desheredados, sigue Montaño enfurecido en una bravata de saliva y de venas a punto de explotar, una patria libre y tranquila y civilizada para las nuevas generaciones.

Hay que llamar a la unidad en torno a la revolución.

Lo leen de nuevo antes de colocar el lema, Reforma, Libertad, Justicia y Ley, es el 20 de octubre de 1913. Zapata firma, es el jefe del Ejército Libertador del Sur y Centro.

En el norte se atacaba ya Monterrey y Felipe Ángeles había vuelto al país. La prensa lo llamó felón, traidor, cobarde. En octubre hubo elecciones, o su remedo, que nadie creía.

La suerte todavía no estaba echada para Huerta. El presidente de Estados Unidos, Woodrow Wilson, le ayudaría involuntariamente a quedarse unos meses más al intervenir el país ordenando la ocupación de Veracruz e ingresando al territorio nacional por la frontera norte en busca de Pancho Villa, quien había atacado Columbus semanas antes.

Sin embargo, Victoriano Huerta ya se había quedado sin ayuda económica y el presidente Wilson había decretado el embargo de armas hacia México. Lo que quedaba del Ejército federal, después de Zacatecas, desmoralizado, sin parque, sin dinero y ya francamente dividido, hacía frente a los continuos ataques por todo el país.

En Zapata crecía el hartazgo con los problemas de disciplina de algunos de sus jefes. Ya ni siquiera le parecía importante que Pacheco y Genovevo no aceptaran a Barrios. Lo había mandado a conferenciar con Villa acompañando a Gildardo Magaña para evitar el enojo de sus viejos jefes. Barrios y Magaña habían salido para Cuba y después de unos días en La Habana irían a Nueva Orleáns para entrar luego a México por Matamoros. Curiosa trayectoria producto de la incomunicación del país.

En La Habana se encontraron con Félix Díaz, traicionado por Huerta y exiliado. Se refugió en el consulado norteamericano en Veracruz, luego escapó del puerto vestido de mujer. Le comentó a Magaña que saludara a Villa, que pronto regresaría a México para incorporar a miles de soldados federales al Ejército del Norte. Como no estaba hospedado en el Miramar, como él, no volvió a verlo.

Con quien Emiliano estaba de verdad molesto era con su dinamitero. No había nadie que pudiese controlar a Felipe Neri. Lo necesitaba cerca, para poderle seguir la pista. Si lo dejaba solo Neri sería peligroso. Era ya un problema. Se acordaba de que al inicio de la revolución el propio Zapata estuvo a punto de intercambiar fuego con las fuerzas de su indómito soldado. El colmo es que se atrevió a contestarle con una carta de demanda. Lo acusó de favoritismos hacia Camilo Duarte, con quien Neri había disputado en noviembre. Se rehusó a mandar sus armas a Zapata. Usted prefiere a Duarte porque es su compadre y a mí no se me ha dado el crédito que merezco, reclamaba en esa misiva que provocó la explosión de Zapata.

Nadie, nadie en nueve años de correspondencia lo había insultado así. Aunque a Emiliano le preocupaba la relación de parentesco entre Neri y Amador Salazar quien le era muy útil, tenía que darle un escarmiento. Palafox fue el encargado de transmitir la petición del general. Una muy simple: quebrarse a Neri.

El 23 de enero de 1914, muy cerquita de Tepoztlán, Antonio Barona, compadre de Zapata, cumple la orden.

Sin Neri estorbándolé en la unión necesaria entre los jefes había que lanzarse a la batalla más importante: la campaña por el control de Guerrero. Todo el otoño planeando la acción. En marzo estaba listo para atacar Chilpancingo y desde allí controlar Acapulco y el ferrocarril de Iguala.

La llave para abrir la puerta de Guerrero era Chilpancingo. Debía ser suficiente mensaje para Huerta: con Zapata en Guerrero no podía quedarse en la capital por mucho tiempo con su gobierno de usurpadores. Emiliano necesitaba un triunfo similar a los de Villa en el norte. Necesitaba ser el verdadero líder de esa revolución que él llamaba del centro y del sur de México.

No habrán sido más de mil soldados con los que Zapata abandonó Morelos hacia Jolalpan y luego Coetzala. Se adentró apenas en Guerrero —Copalillo, Temalac, Zitlala, y Tlacozotitlán— donde como en otras ocasiones se le iban juntando adeptos y jefes. Decidió situar su cuartel de operaciones en Tixtla. El lugar le daba ventajas para observar la capital de Guerrero, ya rodeada por sus seguidores en el estado. Era un buen pueblo para controlar la operación del sitio, mientras Jesús Salgado lidereaba a las tropas en un lugar que conocía bien.

El sitio estaba listo desde el 14 de marzo, pero Zapata fue muy cauteloso. El ataque debía ocurrir hasta el 26. Chon Díaz estaba encargado de impedir la llegada de cualquier refuerzo federal desde Iguala pero la disciplina tampoco era su fuerte. Se le hacía estúpido quedarse allí a esperar. Iguala le parecía vulnerable, así que marchó hacia Chilpancingo con sus hombres. En el camino se le unió el general Heliodoro Castillo alertándolo de no continuar. El ataque estaba planeado para el 26, le recordó.

Tengo planeado cenar esta noche en Chilpancingo, general. ¿Puede usted acompañarme?, contestó con sorna ante el reclamo. Ambos desobedecieron a Zapata.

El 23 por la mañana atacaron la primera línea de la guarnición ferozmente. En un día había caído la plaza, aunque tarde para cenar.

Los hombres iban bajando de los cerros como aves, con sus calzones blancos y las modestas carabinas o rifles o machetes recién afilados, fueron cubriendo las montañas como un enjambre. En cada hueco pelón del monte un grupo de veinte o treinta campesinos venía a ser el renovado lunar de la discordia.

Pronto ya el color de ese laberinto de montañas, que como los hombres luchaban y se alzaban las unas sobre las otras, fue casi ocultado por las tropas que rodearon Chilpancingo. Empezó el fuego. La artillería de todos los puntos hacia un único blanco. El olor a humedad dejó de existir y fue cubierto por el azufre de la pólvora.

Pequeños géiseres de humo rodeaban a los hombres y a sus sandalias y a sus enormes sombreros mientras se aproximaban a los pelones que caían como si no hubiesen estado allí, como muñecos de papel que desaparecen.

Las tropas federales se amurallaron ante el ataque y desde la protección provisional de las almenas continuaron disparando contra los que llamaban indios, bandidos, comevacas.

Ninguno de los que disparaba era distinto de los otros a excepción de la mayoría de los oficiales y sus pequeñas pistolas que parecían de juguete. Eran hermanos disparándose en un teatro absurdo producido por el arrogante reclutamiento de la leva. Allí, unos de uniforme y otros con sus ropas blancas de gavilanes hambrientos se enfrentaban a quienes el hambre y el dolor hacían idénticos.

La resistencia de la tarde fue fiera. Eran las tropas del tigre Victoriano Huerta y así tenían que responder. La superioridad del enemigo era evidente. ¿Cuánto podrían durar allí pertrechados como tecolotes inútiles? Luis Cartón se dio dos horas para tomar la decisión de abandonar la plaza, y fue revisando los lugares de sus pelotones, las municiones, en repetidas vueltas que sustituían la falta de una estrategia.

Como en cualquier sitio, el hambre los haría sucumbir, pensaban los atacantes. Desde hacía una semana habían cortado todo suministro a Chilpancingo. ¿Cuánto podrían durarles los víveres? Así las cosas de un lado y del otro, fugaces devaneos de una mente que intenta pensar mientras dispara y se defiende, mientras carga de nuevo cartucho y se esconde; ve caer a los suyos, no importa de qué bando, y empieza a saberse superior o vulnerable.

Cartón, provisto de un ridículo catalejo marino, veía desde su escondite en el cuartel que sería presa fácil de cientos de hombres, tal vez miles, no sabría calcularlo, que seguían descendiendo de la sierra como polillas infinitas. Si bien caían algunos, diez o veinte en cada carga de artillería, salían de la espesura otros cien dispuestos a reemplazarlos en el brutal combate.

La batalla no parecía tener fin. El único sonido era el de los disparos: siniestro silbido del alma de los rifles que despierta de una indómita agonía. Cuerpos regados por la plaza, el vano intento de un pelotón de atacar en primera fila a sus próximos captores. Uniformes caquis cayendo por las calles de tierra sin sosiego, cuerpos ya sin alma, que desaparecen de la tierra en la que nunca vivieron realmente.

Hay que huir, se dice Cartón, huir del todo. Escapar con algunos de los suyos, los suficientes para su propia defensa. Pide varios batallones y ordena a los otros resistir. Más de cincuenta soldados han sido encargados de traer más parque y de suministrar cuanto sea necesario para la defensa heroica de la plaza.

¡Que otros sean los héroes de su propio miedo! Cartón toma para Acapulco, sale con los más altos oficiales a caballo seguido de varios pelotones de caballería y uno de infantería que le cubre la retaguardia. Pero no por mucho tiempo.

Empiezan a caer también sus hombres. Los caballos se encabritan, relinchan como bestias salidas de un círculo indómito del infierno al que saben destinadas sus almas de soldados. Pasan por sus ojos las escenas de los pueblos que quemó con queroseno, de los obuses acabando con los bosques. Escucha las órdenes de Juvencio, su viejo jefe, como quien oye la voz de su propia conciencia maltrecha. Dispara mientras sostiene precariamente la rienda de su caballo. Así por muchos metros.

Cientos.

Toma una vereda solitaria donde no parece haber rastro del enemigo, sonríe ante su triunfo vicario y contempla la columna que lo sigue. Unos quinientos que ha salvado de las fauces de la bestia.

Se sabe de súbito inmortal, redimido. Lo cubre una aureola de santidad. ¡Qué pronto está ya en el purgatorio!, se dice. El infierno ha quedado atrás, con qué celeridad un dios que lo había abandonado ha venido en su rescate, con qué prontitud.

Embelesado, ni siquiera escucha los gritos y la metralla. De todas partes aparecen los hombres de blanco que disparan contra él, lo han emboscado. Atina a gritarle a su hijo que se cuide cuando mira su cuerpo caer despedazado en el piso de tierra. Todo ocurre con lentitud como si le estuviese pasando a otro y no a él. Mira la cabellera sin sombrero de su hijo llena de sangre, pegajosa, como un pantano inescrutable: el charco, el caballo que cae también acribillado con las patas en un rictus apopléjico.

Alza las manos, tira el rifle y grita:

¡Me rindo! ¡Ríndanse todos!

Y caen las armas de los suyos. Los atan con cuerdas, uno a uno, de las muñecas. Por lo menos a los oficiales y a los de a caballo en una extraña procesión de cuaresma y los regresan a la plaza. Los otros van por su propio pie o a culatazos.

Son adustas las caras de los que saben que la muerte ya no es más una promesa.

Finalmente las mil trescientas tropas destacadas al mando de Cartón en Chilpancingo no pueden hacer nada.

¿Qué clemencia esperar de los zapatistas a los que atacó sin misericordia a las órdenes de Robles en Morelos? Luis G. Cartón ordenó la retirada con rumbo a Acapulco sólo para encontrar su propia muerte.

> *Ya derrotados los cartonistas*
> *el sitio aquel querían romper,*
> *con sus cañones y dinamitas,*
> *para Acapulco querían correr.*
> *Pero abusados los zapatistas*
> *que se encontraban en esa vez,*
> *ya de antemano estaban listas*
> *todas las tropas a acometer.*

Los seiscientos soldados que sobrevivieron, la mayoría reclutas de una leva injusta que Emiliano había aprendido a odiar, acompañaban a

Cartón en el trance. Lo mismo que a las fuerzas del odiado Higinio Aguilar. A ellos también se les invitó a pasarse al zapatismo o salir corriendo de regreso a sus casas. Pocos decidieron regresar y se les dieron salvoconductos y dinero. La mayoría se unió al ejército de Zapata.

Volvieron los juicios de Palafox, más para el espectáculo que para la justicia. Había que terminar de una buena vez con el asunto. A Cartón se le sentenció a muerte el 2 de abril, pero a muchos oficiales se les fue perdonando de a poco.

En Chilpancingo, según se dice,
los generales se creían rey
que fue Cartón, Ponciano Benítez
y el conocido Juan Poloney.
Y se creían que eran muy felices
y que soplaban mayor que un fuei
[...]
Cartón gritaba con vanidad.
"¡Muera Zapata! ¡No crean que gane
porque no tiene capacidad!
¡Que viva Huerta! porque él sí sabe
regir un pueblo y gobernar."
[...]
Llegó el instante, y llegó el momento
que los deudores deben pagar.
[...]
Se llegó al punto donde la muerte
ya lo esperaba sin dilación,
así lo exige su infausta suerte
y morirá sin vacilación.
[...]
Párese al frente, que hay cinco tiros
para el descanso de su intención.
Fórmenle cuadro, vénganse cinco,
preparen armas sin dilación.

¡Vivan las fuerzas de Chilpancingo!
¡Que muera Huerta, también Cartón!

Se oyó el descargue de muchas armas,
cuando Cartón dejó de existir,
[...]
Se vino el jefe para Morelos
a ver las fuerzas de su región;
y a pocos días quedó Guerrero
sin fuerzas de la Federación.

El 7 de abril tomaron Iguala y para julio Acapulco estaba en sus manos. Zapata quería dejar el estado tranquilo, preparó elecciones entre los jefes locales para gobernador provisional.

Ganó Jesús Salgado. Emiliano Zapata estaba listo para regresar con la moral muy alta y cargado de armas y municiones. De Morelos los suyos habían salido a distraer a los federales, ahora regresarán con él. Él mismo antes de combatir en Guerrero había amenazado con tomar la capital al mando de veinte mil soldados. Genovevo de la O había atacado plazas del Estado de México, Francisco Mendoza, Jonacatepec y Eufemio Zapata la hacienda de Atencingo, en Puebla. Amador Salazar había puesto en suspenso Yautepec con asaltos continuos y la simbólica Villa de Ayala ya estaba en manos de Maurilio Mejía.

El regreso de Zapata a Morelos estaba marcado por un intenso control de los pueblos y por los federales reagrupándose en las ciudades. Atacaron sin piedad Cuautla y luego Yautepec hasta ponerlas en mando de los rebeldes el 25 de abril. La mayoría de las tropas del gobierno se retiró a Puebla.

Emiliano tenía su nuevo cuartel provisional en Yautepec pero controlaba todos los avances de sus tropas, como un ave que sobrevuela el territorio, lo veía todo, lo sabía todo.

Necesitaba atacar Cuernavaca. No tenía pocos hombres, pero sí poca munición, debían ser cautelosos. Para sus casi cuatro mil hombres tomando una ciudad durante al menos cinco días de combate necesitaría doscientas mil cargas, calculó. Por más que mandó a sus emisarios con la petición a Villa, y éste las prometió, no llegaban. También intentó lo propio en Washington con enviados al presidente Wilson quien no reconocía su beligerancia.

Vino la intervención de Wilson. Las tropas norteamericanas habían tomado Veracruz, se necesitaba el patriotismo de todos en contra del invasor. El 21 de abril, por un incidente menor ocurrido con unos marineros norteamericanos en Tampico, Wilson pidió a su infantería de marina al mando del almirante Fletcher que ocupara el puerto. Tuvo muy poca resistencia por parte de la guarnición. El país intervenido nuevamente. Hay que hacer algo. A Genovevo de la O ya lo habían intentado convencer los embajadores de Huerta, lo mismo que al *Tuerto* Morales, quien finalmente expuso el asunto a Emiliano. Villa no iba a transigir, a él mismo lo perseguían los yanquis.

Hubo Consejo de Guerra para discutir el asunto. Los argumentos a favor y en contra no duraron mucho. Pese a que decidieron combatir a las fuerzas norteamericanas debían ser los soldados federales los que se unieran a ellos y no al revés puesto que la invasión terminaría con la caída de Huerta, su única causa.

¡Que muera el mal gobierno
de Victoriano Huerta!
¡Que muera o que renuncie!
queremos ya la paz.
[...]
Sepan que aquí Zapata
reclama al invasor.

Justicia reclama
detesta la ignominia
del gobierno tirano
porque no rige ya.

Palafox tenía una nueva oportunidad para mostrar su lealtad y pidió a Emiliano permiso para someter a corte marcial por traición a los nuevos enviados de Huerta, todos antiguos zapatistas, entre ellos el *Tuerto* Morales.

Traición era una palabra que estaba siempre en el vocabulario de Zapata. Aceptó sin pensarlo más y se retiró a su cuartel. Empezaban todos a notar una nueva etapa en el comportamiento de su jefe. Se había vuelto huraño, poco dispuesto a la fiesta, la conversación o la juerga. Estaba todo el día serio, amuinado.

No era sin embargo el mismo escenario que con los juicios de Orozco y los otros. En esta ocasión se trataba de su compadre, el *Tuerto*. Debía aprender a lavarse las manos y a que los otros hicieran el trabajo sucio.

En cada una de las ocasiones de su vida en que había un componente emocional Zapata huía. Esta vez fue la primera que recuerdan sus hombres. Montó su caballo y se fue antes de que Palafox ordenara atar al *Tuerto* a un árbol para que pudiese ser acribillado por la espalda, como sólo corresponde morir a los traidores.

Palafox mismo estuvo frente al pelotón de fusilamiento y pronunció las órdenes. Cuando el *Tuerto* escuchó fuego volteó la cara y su único ojo miró fijamente a Manuel Palafox con la rabia de quien ya no puede perder nada.

Te pudrirás en el infierno, hijo de la chingada.

Luego ya no vio más.

❖ ❖ ❖

Huerta cayó irremisiblemente el 15 de julio. Fue a su cantina favorita, pidió su coñac de siempre:

Éste es mi último trago aquí. Brindo a la salud del nuevo Presidente de México, dijo.

Luego, como tantos otros, salió del país en barco, en uno alemán, el *Dresden*, un buque militar que lo llevó a Jamaica. Cuando logró que su familia lo alcanzara se fueron para Barcelona. En México dejó a su segundo, Francisco Carbajal, para que pactara con Carranza la transmisión de poderes. Igual que hizo Porfirio Díaz con Madero. Pero Carranza tenía otros planes: rechazó la propuesta. Carbajal buscó a Zapata, quien como tantas otras veces no dio señales de vida frente al poder central, Carbajal intentó rendir al ejército ante Villa a cambio de salvar la vida de los oficiales y de que Felipe Ángeles quedara al mando, ésa fue la segunda propuesta. Para Villa era una oferta tentadora. Conferenció con Ángeles. Podían amurallarse en Chihuahua, pero no tenía caso. Era tiempo de pactar con Emiliano Zapata. Durante unos meses no pudo concretarse la alianza.

Sin embargo Carranza impide que el *Centauro del Norte* llegue primero a la capital. Le niega su verdadero triunfo al vencedor de Zacatecas y Torreón. Era el mejor plan. El 15 de agosto de 1914 Álvaro Obregón fue quien entró triunfante a la ciudad de México para firmar el convenio Teoloyucan. En él Carbajal disuelve al Ejército federal y entrega la capital al Ejército Constitucionalista. Las firmas no son tan legibles, pero aun así pueden leerse el nombre de Othón Blanco por la marina, Gustavo Salas por el Ejército federal y Eduardo Iturbide como gobernador del Distrito Federal.

En ese escrito Álvaro Obregón representa a todos los otros. O a nadie, ya se verá.

La pesada noche del destino

(1914-1919)

VI

No fue Zapata el 15 de agosto de 1914, no fue él sino Álvaro Obregón quien hizo su entrada triunfal a la ciudad de México, a pesar de que el ejército suriano había tomado casi todas las poblaciones que rodeaban la capital, incluidas Topilejo y Milpa Alta, después de dos días de encarnizada batalla, eliminó a las tropas federales de Cuernavaca, logrando que Morelos fuera suyo. Las fuerzas del Ejército Constitucionalista habían derrocado a Huerta. Pisándole los talones. Poco después de Obregón, arribó Venustiano Carranza. Los habitantes de la ciudad de México, acobardados, respiraron con alivio al saber que no eran las hordas del Atila del Sur quienes habían llegado a sus casas y palacios. Sintieron que la paz, esa paz precaria que la Decena Trágica había roto en sus vidas, llegaba de nuevo.

Para Obregón, sin embargo, la capital no había padecido su dosis suficiente de revolución. Sus medidas fueron alarmando paulatinamente a quienes sentían que el orden, ah, sí, el orden, reinaría de nuevo.

Al tercer día de haber llegado a la ciudad, Obregón fue al cementerio francés a presentar sus respetos ante la tumba de Madero. Lo acompañaron muchos de los notables, las levitas de siempre, los hombres que callaron llanamente ante el tigre Victoriano Huerta. En un gesto teatral, como los que le gustaban, Álvaro Obregón tomó su pistola y se la tendió a una mujer, María Arias, quien había denunciado la usurpación:

Le entrego mi pistola a María Arias, el único "hombre" que se encontraba en México cuando la traición de Huerta, dijo Obregón.

No se detendría allí en la representación dramática de su odio a la capital y sus habitantes indolentes. Expulsó al vicario general junto con sesenta sacerdotes imponiendo a la iglesia católica una multa de medio millón de pesos por su apoyo al usurpador. A todos los demás sacerdotes los obligó a hacerse exámenes médicos exhaustivos para detectar el alarmante número que, entre ellos, padecía alguna enfermedad venérea. Gravó impuestos a todos los comerciantes e industriales por su patrimonio y su capital, sus automóviles, drenajes e incluso pavimento. Les dio un término de cuarenta y ocho horas a quienes poseían o comerciaban con maíz, frijol, aceite y carbón para que entregaran diez por ciento de la mercancía so pena de confiscación total de sus bienes. Después mandó imponer un impuesto especial a los extranjeros. Éstos se irritaron. Luego intentaron la protesta, como si los revolucionarios temieran a sus gobiernos extranjeros. El acto de reclamo se realizaba en el Teatro Hidalgo. Hasta allí llegó Obregón con varios batallones, entró en el recinto, colocó una triple línea de artillería y apuntó directamente al corazón de los demandantes, disolviendo de inmediato el acto.

Ahora nos deben un nuevo impuesto, un impuesto moral, dijo Obregón con sorna.

Se obligó a los extranjeros a barrer las calles. Sin embargo a Carranza le preocupaban estos desmanes de Obregón. Él quería llegar a un acuerdo con Estados Unidos, tener el reconocimiento de su papel como jefe máximo y terminar la guerra civil. Se requería usar hasta la saciedad el diálogo, así fuera para darse tiempo, antes de reanudar la contienda. No quería que la opinión pública considerara la campaña contra Villa como una simple contienda de poder entre dos hombres. Debía impedir una alianza entre Villa y Zapata, por lo que requería enviar mensajeros al estado de Morelos en lo que obtenía algunas victorias contra Villa que lo desmoralizaran. El asunto de la revolución del sur no le preocupaba militarmente —como antes a Madero o a Huerta—, el ejército de Zapata le parecía una banda de forajidos, un grupo de rebeldes de poca monta, de iletrados. Venustiano Carranza empezó mal su acercamiento, declarando que a él todo ese asunto del reparto de tierras le parecía ridículo:

Díganme qué haciendas les pertenecen para empezar a repartirlas. Nadie puede andar dividiendo lo que no es suyo, aseveró el jefe máximo.

* * *

Empiezan a llegar de nuevo, como una plaga de insectos, los emisarios de la paz a los campamentos zapatistas, especialmente a Yautepec y Cuernavaca. Desde junio, ningún documento o decisión que salía a la luz pública se hacía sin la aprobación de la Junta Revolucionaria del Centro y del Sur, que presidía Zapata y de la que era secretario Manuel Palafox pero en la que estaban sentados cada uno de sus jefes: Pacheco, De la O, Montaño, Salazar, Mendoza. Toda la documentación viajaba cada vez de lugar en lugar, de cuartel en cuartel. Era una especie de archivo itinerante que crecía cada día y que se alimentaba de la pasión de Zapata por los papeles.

Desde febrero de 1914 lucha con denuedo por el control central de la revolución, por su disciplina y su moral. Había que educar a los miembros del ejército que serían pronto ya licenciados miembros de la patria dispuestos a trabajar. Prohíbe la venta y el consumo de alcohol en todos los territorios ocupados por sus hombres. Se hacen provisiones para elegir representantes municipales y empezar el reparto de tierras sin dilación. Morelos estaba al fin en su control y se tenía que demostrar que las demandas eran justas y que el estado podía ser próspero aun en medio de la barbarie en la que los federales, particularmente Robles, lo habían dejado.

Sin embargo poco se puede hacer ante la cerrazón con quien Emiliano sabe que nunca habrá entendimiento posible.

El 28 de julio, poco antes de la entrada de Obregón a la ciudad de México, Soto y Gama arregla una entrevista en la iglesia de San Francisco en el Ajusco, con un enviado de Carranza, Gerardo Murillo.

Allí se encuentran Zapata y Ángel Barrios. El Dr. Atl, así llamaban a Murillo, le pregunta a Zapata por las condiciones para el rendimiento de las tropas surianas ante los nuevos tiempos que él llama de paz y concordia nacional. A lo que Emiliano responde:

El reconocimiento de todos los artículos del Plan de Ayala, sin cambiarles ni una coma. Y que todos los revolucionarios los firmemos.

Yo personalmente estoy a favor del plan, lo suscribo con beneplácito, como la mayoría de los constitucionalistas. Un acuerdo con Carranza es muy posible. Escribiré el resultado de esta reunión prometedora para la nación.

No se da respuesta pronta del lado de Carranza. En el bando de Zapata, Manuel Palafox se molesta, reclama a Barrios no haber pedido credenciales a Murillo que hicieran oficial esa conferencia. Desde mi punto de vista este Atl sólo ha estado jugando con nosotros, arremete Palafox.

El 5 de agosto el Dr. Atl vuelve a la carga: aunque no ha conseguido respuesta formal de Carranza por lo pobre de las comunicaciones en estos días, él mismo se afiliará al zapatismo si el jefe del Ejército Constitucionalista no acepta el Plan de Ayala. Palafox vuelve a su desconfianza, cada vez menos infundada, de que el papel de Murillo es el de espía. En realidad Atl le pide a Zapata dos días después que lo nombre su representante oficial en la ciudad de México.

Zapata deja de contestar las cartas de Gerardo Murillo. Incluso le dice a Palafox que nunca tendrá un representante en la ciudad, que ya ha decidido trabajar fuera de Yautepec. Cuando se firma el Tratado de Teoloyucan que le permite a Carranza tomar todas las posiciones federales, Zapata se enfurece. Rompe una silla contra la pared, le pega a las paredes de la casa en la que están reunidos. Grita:

Ese Atl lo único que quería es que yo no firmara con Carbajal antes de que Carranza lo hiciera.

Una carta del pintor había llegado esa mañana con víveres y municiones.

No deberíamos aceptarlas. Es Palafox quien habla ahora. Lo quiero muerto, dice. A como dé lugar.

Zapata le pide a Soto y Gama que le ayude a redactar un nuevo manifiesto que explique a la gente por qué el reparto de tierras es tan importante. Con Carranza a la cabeza seguirán los dolores, y la revolución también, de cabeza.

Serratos, uno de los nuevos en la bola, antiguo miembro de la Casa del Obrero Mundial, intenta al fin un pacto. Es recibido en el carro pullman de Carranza en Tlanepantla con otros jefes surianos.

¿Qué quiere Zapata?

Sólo decirle al Primer Jefe del Ejército Constitucionalista que mi general ha visto con sorpresa que no se haya tomado en cuenta a las fuerzas del sur al aproximarse los constitucionalistas a la capital, ni para las operaciones a que hubiera lugar ni para las plazas ocupadas. Sugiere que posponga su entrada a la capital hasta que todos los jefes revolucionarios se pongan de acuerdo sobre asuntos importantes y designen presidente interino, concluye Serratos.

Dígale usted a Zapata que elija el lugar, día y hora así como el número de hombres que formarán su escolta para que yo, a mi vez, designe el número de soldados de la mía. Inmediatamente que nos avistemos mandaremos hacer alto a nuestras escoltas y avanzaremos solos para hablar de lo que sea necesario, propone Carranza.

Siento mucho, señor Carranza decirle a usted que el general Zapata no va a aceptar esa proposición

¿Por qué?

Porque el general Zapata tiene la costumbre de que cuando se trata de asuntos serios y de trascendencia se enteren de ellos los jefes a sus órdenes. Su norma es la absoluta franqueza y sinceridad.

Usted comuníquele mi proposición.

En ese caso le ruego a usted que me la dé por escrito.

No hay para qué hacerla por escrito, no olvide que soy el primer jefe.

Efectivamente, señor, pero el general Zapata es independiente del Ejército Constitucionalista.

Pues usted dígale cuál es mi proposición, afirma Carranza, harto, y si no la acepta dígale que tengo sesenta mil rifles para someterlo.

¡Cuánto dolor me causa que se exprese usted así señor Carranza! ¿Por qué?

Señor, porque si agregamos los diez o veinte mil que suponga usted tiene el general Zapata, ¡cuánta sangre mexicana más va a derramarse!

¡Ya le dije a usted mi única proposición y si me disculpa tengo otros asuntos que atender!

Siempre el rechazo. Otra comisión de zapatistas había conferenciado con él antes de su entrada a la capital. Los argumentos de Carranza fueron los mismos:

No tengo nada que tratar con esa chusma de Morelos. Son unos bandidos y como tales serán tratados.

La correspondencia con Francisco Villa se intensificó desde entonces. Gildardo Magaña tenía buenas noticias, el jefe de la División del Norte deseaba aliarse con Zapata. En las cartas Villa se refiere al Plan de Ayala como letra sagrada y Emiliano lo invita a derrocar a Carranza.

Es su cuarta guerra: Díaz, Madero, Huerta, Carranza. Todos están hechos de la misma materia, han traicionado la sangre de los revolucionarios muertos por una causa. Es más sabio el corrido que el hombre, alguien canta por allí, ha de ser Marciano Silva:

> *Todo el auditorio que se halla presente*
> *en prestarme su atención;*
> *con gusto y buen modo voy a declararles*
> *un sueño revelación.*

> *Soñé que fui a los infiernos*
> *y vi a don Porfirio Díaz*
> *contestando con Madero*
> *lo que en este mundo hacía.*

> *Vi a don Porfirio Díaz y al señor Madero*
> *dentro de un perol de aceite,*
> *estaban diciendo "Buen premio ganamos*
> *por 'ber sido presidentes".*

Porfirio le respondió:
"Lo dirás por Victoriano;
buen cuartelazo te dio
el funesto mariguana".

"¡Yo todo perdono, lo digo
por tantos a quienes favorecí,
me echaron a plomo en el cuartelazo
y me mandaron aquí!"

A poco entró el señor Huerta
a un perol de aceite hirviendo,
con palabras deshonestas
a su suerte maldiciendo.

Luego a don Porfirio saludó al momento
tratándole a lo decente.
Dijo: "Si he sabido que éste era el gran premio,
no intento ser el presidente".

Llorando dijo Panchito:
"¡Ay de mi suerte malvada;
en este funesto abismo,
lo que se debe se paga!"

Cuando se quejaba el señor Victoriano,
acordando su venganza,
en esa hora entraba un viejo tirano:
don Venustiano Carranza.

Luego dijo don Porfirio:
"Ya llegasteis, compañero".
Carranza exhaló un suspiro
viendo a Huerta y a Madero.

Le preguntó Huerta con ferocidad,
recobrando su valor:
"¡A ver qué me cuenta de la libertad
por la que me derrocó!"

Carranza le respondió:
"Fue por falta de experiencia,
¡no sé qué diablos me dio
envidiar la presidencia!"

"Yo me equivoqué colmando de honores
a los que a mí me ayudaron;
les proporcioné dinero y favores
y después me traicionaron".

"¡Qué tonto fue Venustiano!
—respondió Porfirio Díaz—
mató a muchos mexicanos
quienes culpa no tenían."

"¡Sólo don Porfirio fue más de treinta años
su honorable presidencia!
¡Nosotros quisimos volvernos tiranos,
asesinos sin conciencia!"

"Porfirio Diaz, al triunfar
pesó muy bien su balanza,
a muchos mandó matar
que les tenía desconfianza".

Ésos que pisaron en finas alfombras,
en tiempo de su gobierno,
están ocupando sus bellas alcobas
en el rincón del infierno,

Goliath empuñó una lanza
porque allí es el más valiente
y dijo: "Échenme a Carranza
al perol de presidentes".

Mas se oyó una voz en aquel momento
para siempre en el abismo;
el viejo Carranza allí, maldiciendo,
hasta el día de su bautismo.

Allí están todos sufriendo,
los honrosos presidentes,
y una eterna voz diciendo:
"Para siempre, para siempre…"

De esos hombres habla el corrido. Hombres zafios, tercos, a quienes sólo les interesa el poder y hacerse ricos, le dice a Magaña. Ya no puedo creer en nadie. Sólo en los principios del Plan de Ayala. La gente del pueblo sólo quiere que se le escuche, que se le haga caso hoy y no mañana.

Soy zapatista del estado de Morelos
porque proclamo el Plan de Ayala y de San Luis
si no le cumplen lo que al pueblo le ofrecieron
sobre las armas los hemos de hacer cumplir.

Nuevamente el Doctor Atl trajo al cuartel la promesa de otro aliado, Lucio Blanco. El general Blanco, lo sabía bien Emiliano, había empezado el reparto agrario en Matamoros y se había distanciado de Carranza por esa razón. Deseaba hablar con Zapata, ver en qué podía ayudarlo con su causa.

La respuesta de un Emiliano agradecido es instantánea. Pide a Palafox que le envíe una carta donde diga que siempre lo ha considerado un patriota y lo invite a Yautepec. Si esto no es posible para el general infórmele que el propio Zapata buscará verlo cuando el tiempo y las condiciones lo permitan. Y agréguele: Debo comentarle francamente que este señor Carranza no me inspira la menor confianza, pero suspenderé como signo de buena voluntad mis ataques a la ciudad de México.

Luego se va de Yautepec por un par de días con su fiel Robledo y una escolta. Una nueva mujer lo llama a su lado, Gregoria Zúñiga, a quien recién le puso casa.

Le gustaba salir de noche, sin ser visto, con unos cuantos. Irse desprendiendo de las veredas para subir al monte, oculto. Ir sin prisa, a medio galope encima del animal. Hacerlo sudar y él mismo mojarse los pantalones entre la llovizna y el roce con el cuero de la silla. Así, también, agazapado, llegar a la casa y meterse sin ruido, como un nahual solitario entre las mantas.

Sorprenderla entonces, dormida como una santa. Verla despertar con miedo, sobresaltada y ponerle una mano entre los labios, luego un beso. Luego otro. Decirle al oído Gregoria, muchas veces mientras la piel de la mujer se va poniendo chinita.

Desnudarla y mirar, mirar y tocar su cuerpo, su cuerpo.

Gregoria lo guía, es la primera mujer a la que él le da placer. Le gusta verla sonreír. Esa sonrisa de yegua, blanquísima en medio de la oscuridad. Ella lleva el ritmo con sus caderas y le susurra despacito, muchas veces despacito. Él, que no quiere romperla, la sigue.

Sudan. La cabellera negra de Gregoria como un arroyo que acaricia. Y luego le tira el pelo y no puede más y ahora a todo galope allí contra su cuerpo.

Su cuerpo que no está hecho de silencio sino de gritos y de agua. Su cuerpo también pluvial y nocturno que lo moja.

Ella gime y le araña la espalda y ya no le dice nada. Sólo sonríe, muy hondo, como si estuviera muriéndose y hubiese visto un ángel, un morir contento morir en vida.

Gregoria cierra los ojos y Emiliano le dice que los abra. Quiere ver esos ojos. Los ojos de Gregoria bien valen otra guerra. Pero no, sus ojos son los únicos que calman las danzas de los remolinos, que apaciguan polvaredas, las cosas se ven de nuevo claras, nace una lengua franca, allí, cerrilmente. Y las palabras pierden todo su pinole, hay una frescura, en la garganta, en las miradas.

❂ ❂ ❂

La primera comisión de paz en visitar el campamento zapatista, como tal, está compuesta por Antonio Villarreal, gobernador de Nuevo León, Juan Sarabia y Luis Cabrera.

Hay esperanza en los comisionados de un diálogo amplio y de compromisos que impliquen un alto definitivo al fuego. Las cartas que de Zapata habían recibido Blanco y Villarreal estaban llenas de elogios a su trabajo revolucionario. Así llegan a Yautepec por la tarde. Son recibidos con cierto agasajo propio de los pueblos, como si el campamento estuviera de fiesta. Hay una gran comida con caldo de gallina y arroz y una barbacoa que recién han sacado del hoyo. Una mujer echa tortillas para ellos cerca de la mesa que han improvisado en un patio.

Comen con el Estado Mayor del ejército, pero no con Emiliano. Preguntan por él, ansiosos, para recibir sólo la respuesta que tantos otros, antes y después, recibirán: ya llegará, ha ido a algún lugar cercano. Luis Cabrera y Villarreal conversan con Soto y Gama y con Montaño sobre la guerra, viejos veteranos de menos de cuarenta años a quienes la revolución ha cansado y curtido al mismo tiempo.

La atmósfera es tensa y quien lleva la voz cantante es Manuel Palafox.

Pero nadie conversa aún de planes o de pactos. La plática es más bien entrecortada, la de un grupo de actores que desconoce sus parlamentos y difícilmente improvisa.

Villarreal pregunta si pueden entrar en materia. Nadie le responde. Sirven unas copas y brindan por la paz o por la conciliación, ninguno sabe bien a bien por qué. Luego son invitados a pasar a una sala donde pueden conversar privadamente.

Cabrera es el primero en tomar la palabra. Realiza un elogio pormenorizado del general Zapata, pondera sus virtudes, particularmente su sincera sencillez y su lealtad a los principios de la revolución. Villarreal, como si lo hubiese estudiado, recuerda el Plan de Ayala, sagrada escritura entre los hombres que allí lo reciben, y pondera a su vez a Lucio Blanco y habla del reparto de tierras en Tamaulipas y Nuevo León amparado en la letra del documento suriano. No hay nada, dice, nada, que impida el hermanamiento de la revolución del sur con la del norte.

La revolución del centro y del sur, acota con la arrogancia con que pasará a la historia Manuel Palafox. Y luego: en el acta de rectificación del Plan de Ayala sólo se reconoce un jefe supremo de la revolución, el general Emiliano Zapata. Está dispuesto el señor Carranza a firmar sin quitarle una coma al texto del plan, pregunta Palafox.

Nadie carraspea o titubea. Están allí para refrendar el compromiso de los constitucionalistas con el reparto de tierras y con los principios de la revolución. La paz, dice Cabrera ya con cierta desesperación, es la única garantía de la prosperidad de México. Una nueva carta magna en donde se hallen plasmados los principios del Plan de Ayala, promete.

Los demás ya casi no hablan. Sólo Alfredo Serratos, nuevo ayudante de Zapata, quien lo deslumbró con su inglés y sus buenas dotes de orador. Él secunda a Palafox: los zapatistas no aceptarán tratos a medias.

Más tarde se disuelve la reunión y se cita a los comisionados para el día de mañana. Reanudaremos las pláticas donde las dejamos.

¿Dónde las dejamos? se preguntan Sarabia y Villarreal de regreso a sus aposentos. Si no se ha avanzado nada. La tozudez de los del sur, tan cacareada, hace mella en sus aspiraciones.

* * *

Después de un frugal desayuno de café y pan vuelven a la habitación de los debates o de la reunión, allí no se ha discutido nada.

Palafox arremete. Muestra en el aire, con gesto de enano de circo, una carta de Villa recién recibida en el campamento. Aquí afirma que pactará con Emiliano Zapata a quien reconoce como jefe de la revolución. Señores, si Carranza no firma el Plan de Ayala los constitucionalistas sufrirán las consecuencias.

*Soy zapatista del estado de Morelos
porque proclamo el Plan de Ayala y de San Luis
si no le cumplen lo que al pueblo le ofrecieron
sobre las armas los hemos de hacer cumplir.*

Le reiteramos nuestra firme voluntad de adherirnos a la letra del Plan de Ayala, afirma Sarabia.

No es suficiente. Se trata de que lo firmen, ya se los he repetido hasta el cansancio, sin modificar ni una coma.

Estamos hablando del porvenir de la nación, señores, sigue Cabrera, de todos los grupos. Estamos dispuestos a asumir el Plan con todas sus consecuencias pero en una carta magna que dé cabida a todas las posturas de los grupos revolucionarios. La unidad es garante del progreso.

El Plan de Ayala es el único garante de la paz. No se hablará más aquí.

Palafox suspende de nueva cuenta las pláticas y se retira, ufano. Los hombres allí reunidos, el mismo Serratos quien se ausenta minutos después, no encuentran palabras para definir su frustración y su impotencia. Alguno pregunta si podrán ver a Zapata antes de regresar a la ciudad.

La respuesta llega dos días después cuando el general con su escolta arriba al campamento de Yautepec, saluda a los enviados con abrazos. Pondera la presencia de Villarreal, un gobernador de Nuevo León que había impactado a Zapata meses antes por haber hecho un reparto agrario a la usanza zapatista, entre los suyos, con gritos de euforia.

Luego entran a la habitación aquella donde la atmósfera de encono se agrava. Azuzado por Palafox después de una hora de tenso mutismo, Emiliano reconoce la presencia de los señores comisionados y lanza una arenga contra Carranza, un hombre de la misma ralea que Huerta, un traidor a la patria, dice.

Palafox refuerza. Hablan un poco de batallas. Villarreal comenta el éxito de Zapata en la toma de Cuernavaca, el sitio cruento. Hace referencia al hecho de cuando la única reserva que quedaba en la ciudad era el agua, Zapata incendió el acueducto, prendió fuego al agua con gasolina. Ríen, con una risa forzada de viejos caimanes que reptan en un pantano que se solidifica en sus gargantas.

Hacemos votos, general, porque pueda usted llegar a un entendimiento con el general Carranza, dice entonces Cabrera.

Yo me entiendo con cualquiera, licenciado, como amigos o a balazos, de eso pierda cuidado.

Después de otros dos días los términos del casi imposible acuerdo fueron presentados formalmente a los comisionados: Carranza debía acogerse plenamente al Plan de Ayala, dejar Xochimilco en manos del ejército zapatista y aceptar que cualquier nueva conferencia debía efectuarse en el campamento de Zapata. El único avance logrado fue que Carranza no necesariamente debía renunciar al poder siempre y cuando un representante del zapatismo fuese aceptado a gobernar a su lado.

Se despidieron con nuevos abrazos aunque en el aire más bien flotara un aroma amargo, de imposible reconciliación.

El informe de Sarabia al Ejército Constitucionalista es el de un espía, no el de un comisionado de paz. Urge a las tropas se combata con toda fuerza el mal de Morelos y de la República, al bandido que con sus secuaces ha secuestrado la revolución para sus fines propios.

No es justo, escribe Montaño por dictado de Emiliano, no es justo que los que hace tiempo enarbolamos la bandera del Plan de Ayala, que se concreta a tierras y libertades, la dejemos en las manos de unos cuantos ambiciosos que sólo buscan la riqueza a costa del sudor del pueblo trabajador; que después de haber derramado tanta sangre sea burlado el pueblo y quede en igual condición o peor, eso no debemos permitirlo y sí velar por los intereses de la Patria.

Entonces deciden relanzar el Plan, bajo el nombre de Manifiesto de Milpa Alta. Parece mentira cuántas veces hay que repetir una verdad para que no la conviertan los otros en mentira.

¿Y qué significa una palabra, libertad, cuando ya no se tiene nada?, piensa Emiliano, harto. Entonces, con los suyos, propone un decreto que comience a hacer realidad sus anhelos. Decreta la nacionalización de bienes contra los enemigos de la revolución: las propiedades rústicas nacionalizadas pasarán a poder de los pueblos que no tengan tierras que cultivar y carezcan de otros elementos de labranza o se destinarán a la protección de los huérfanos y las viudas de aquellos que han sucumbido en la lucha que se sostiene por el triunfo de los ideales.

Las propiedades urbanas se destinarán a formar instituciones bancarias para evitar que los campesinos pobres sean de nuevo sacrificados por los usureros.

La última palabra, aunque se pronuncien discursos y se ataque con diatribas, ha sido dicha: Zapata está en guerra contra Venustiano Carranza ya que el Ejército federal ha sido disuelto.

o o o

Había que comunicar ahora su postura oficial a las fuerzas apostadas en la capital y en los estados vecinos. Que se supiera que aún no se pactaría y que nadie, por su propia cuenta, pudiese pasarse al carrancismo. Eran días tensos, de duda. Aduciendo un cese al fuego nunca pactado en Puebla, los carrancistas piden a Fortino Ayaquica que abandone las plazas que tiene el zapatismo en su poder. La respuesta no podía ser más firme: estamos de hecho abandonando las plazas, sólo para tomar las suyas.

La respuesta no era diplomática. En efecto Ayaquica, como muchos otros, reinició el combate tomando presos a numerosos miembros del carrancismo.

Era septiembre de 1914. A Palafox lo asaltaban arranques de histeria, de persecución. Un día citó a la Junta Revolucionaria para plantearles que sus informantes habían descubierto un nuevo plan para invadir Morelos. Se haría en auto y cientos de camiones desplazarían a la gente. Era urgente proceder a la destrucción de todas las carreteras de manera que sólo los caballos pudieran transitar.

La guerra fue declarada, aunque sin mucha convicción. Serratos informa a la Junta después de su visita al campamento de Genovevo de la O que ésos no son soldados, todos están borrachos, tropas y oficiales. En esa condición no son buenos para nada.

Palafox lee una carta del propio De la O acusándolo de romper cualquier posibilidad de acuerdo. Le pide que deje de arrestar gente bajo la acusación o la mera suposición de espionaje.

Zapata sigue recibiendo cartas de Lucio Blanco, quien está seguro de que una reunión de todos los jefes revolucionarios debe servir para limar asperezas y llegar a un entendimiento. Empieza a hablarse de una Convención como forma de acuerdo. Carranza acepta pero con la condición de que no asistan a ella ni los villistas ni los zapatistas.

Blanco está convencido de que deben estar, le envía a Zapata una hermosa silla de montar y una arma colt .44 de oro, como muestra de su emoción por el caudillo del sur. Y le insta a recuperar algunas posiciones de la capital, incluida Xochimilco, como había pedido Zapata en la conferencia con Villarreal.

Emiliano ordena a Gildardo Magaña, ya de regreso del norte, que conteste a Villarreal y a Blanco que acepta una Convención siempre y cuando ésta tenga entre sus fines la elección de un presidente interino. Sin embargo, protesta Zapata, exprésele mis dudas de que en una Convención puedan tratarse reformas de peso, éstas deben aguardar a un nuevo gobierno revolucionario legalmente constituido.

La solicitud de Zapata sale del cuartel como una bomba y por ello cuando al fin se realiza la Convención el primero de octubre, Carranza no es invitado y Villa se rehúsa a asistir —no conoce la capital— o a mandar delegados ante el carrancismo.

Sin embargo el resultado de este remedo de Convención le es adverso al jefe máximo, Carranza. Los allí reunidos deciden que la Convención deberá trasladarse a Aguascalientes, donde los villistas han aceptado reunirse.

El día 14 la Convención se declara autónoma y vota enviar una comisión al sur para invitar a Emiliano Zapata y a sus delegados.

El 19 de octubre arriba de nuevo a Morelos el general Felipe Ángeles, quien intentó pacificar el estado con métodos de conciliación y tuvo que abandonarlo para ayudar a Madero en la Decena Trágica. Ya no existe el Hotel Buenavista, de su amiga Rose King, y lo que encuentra en Cuernavaca lo aterra: la ciudad ha sido destruida. Casa por casa, calle por calle. Allí lo único que queda en pie es el Palacio de Cortés. Recuerdos de incendios, artillerías y saqueos pueblan las calles casi desiertas, cubiertas de barro por las que camina.

Con él viajan Rafael Buelna, Calixto Contreras, Guillermo Castillo. Los habitantes de los pueblos por los que avanza lo saludan, reconociéndolo. Le gritan vivas. Genovevo de la O es quien lo recibe. Le regala una fotografía de él mismo con Buelna muy joven. Ríen, comentan que ha pasado mucho tiempo.

Y muchas balas.

Eso agrega De la O entre abrazos. El propio Zapata llega poco después y delante de los allí presentes, como es su costumbre, lanza un elogio de los tiempos de Ángeles en Morelos y lo felicita por luchar leal y patrióticamente. Luego le regala dos magníficos caballos, uno blanco y un retinto, ya ensillados para que pueda continuar su camino mientras los suyos descansan.

Usted, general, es el único hombre que me ha combatido con honestidad. En su tiempo en Morelos se ganó la buena voluntad de la gente y la simpatía incluso de mis hombres. Y usted, general Calixto Contreras, me agrada mucho verlo aquí en mi tierra. Usted es un hombre de campo, hijo del pobre y del que no tiene tierra y representa las ambiciones de los hombres pobres del norte y de su revolución. Usted me inspira una confianza sin reservas, general.

Como siempre, después de esta cálida recepción, Zapata se torna taciturno, desconfiado. Y casi silencioso.

Prende un puro. Se le ve cansado, piensa Ángeles, quien lo mira sin recelo, como a un viejo amigo con el que se ha reencontrado después de la muerte.

Hablan. Conferencian. Zapata insiste en sus demandas, le pregunta a Ángeles si de verdad la Convención aceptará el Plan de Ayala y destronará a Carranza, nuevo usurpador de la revolución.

Ángeles se muestra confiado. Carranza muy pronto dejará el cargo, así se lo pedirá el país, y los principios del Plan serán aceptados sin reserva. Sería bueno que decidiera a quiénes enviará a Aguascalientes.

Aun así Zapata no accede. Ángeles prueba la ofensiva mayor: sin la presencia de zapatistas en la Convención no será genuinamente nacional y será el pretexto para la anunciada invasión del presidente Wilson. No debemos dejar que eso pase. No cuando hay tanta gente patriota y de buena voluntad sentada allí, esperándolos.

Veintiséis hombres son elegidos para la ocasión. Veintiséis de los suyos, los más instruidos, piensa Zapata, que verdaderamente puedan hablar y convencer de sus principios. Pocos hombres y pocas revoluciones han sido más malentendidos, le dice a Ángeles. Una frase que usa mucho: un malentendido.

Se acuerda allí que no son delegados de la Convención, sino enviados que representan la posición del propio Zapata. Si la Convención cumple con las expectativas del Ejército Revolucionario del Centro y del Sur entonces los propios jefes decidirán quiénes se convierten en sus delegados. El jefe de la comisión será Paulino Martínez.

Varios abrazos sellan el pacto y el 23 de octubre el grupo abandona Morelos en su viaje a Aguascalientes. La política nacional es asunto de la gente preparada, le repite a Ángeles, yo prefiero quedarme con los míos, en mi tierra, resolviendo los problemas nuestros, que también son muchos.

El tren deja a los zapatistas en el cuartel de Francisco Villa, en Guadalupe. Paulino Martínez lanza una arenga: Zapata y Villa son los genuinos representantes de esta lucha homérica, ambos indios, ambos queridos por el pueblo. Ángeles y Martínez conversan por última vez esa noche: habrá que forzar a Carranza a mostrarse en sus verdaderos colores de autócrata y promover a Villa como el próximo presidente de México.

* * *

Zapata no asiste, pero los informes llegan casi todos los días. Emisarios, cartas, noticias. Soto y Gama es el principal corresponsal. Es de mañana, Emiliano ha terminado de leer la misiva que le narra los pormenores del inicio de la Convención. Ahora se encuentra frente al espejo, rasurándose. El azogue roto le devuelve apenas completo el rostro, pero en el fragmento logra mirarse. ¿Es él, el mismo que en 1909 fue nombrado *calpulelque*, o es otro, alguien menos de carne y de huesos que de palabras y promesas?, se pregunta mientras pasa la navaja filosa por el rostro crudo de quien ha aprendido a estar lejos para de verdad ser, de quien se sabe más útil cuando no está que cuando es.

Se ha vuelto un poco fantasma de sí mismo. Es como si siempre su rostro, ése que ahora mira hierático, hubiese aprendido a quedarse vacío. Ahora se pregunta, sin tapujos, si las cosas serían distintas a las narradas por Soto y Gama si él hubiese estado allí, en Aguascalientes. Si hubieran tenido que aceptar al hombre y no a la letra del Plan de Ayala. Eso son sus comisionados: palabras, frases, fragmentos de una revolución que empieza a ser historia al tiempo que muerte diaria y hambre inevitable.

Es Francisco Villa quien hace su juramento antes de retirarse en son de paz para que se realicen los trabajos de la Convención. Pero está presente, no como él. Zapata es un espejo hecho ya de símbolos, Villa y toda su vitalidad allí lo suplantan:

Ustedes van a oír, pronuncia Villa, de labios de un hombre enteramente inculto, palabras sinceras que le dicta su corazón porque comprendiendo yo que entre las personas presentes hay hombres conscientes que saben comprender los deberes para con la patria y los sentimientos de humanidad, debo decir a ustedes que Francisco Villa no será vergüenza para todos los hombres sensatos, porque será el primero en no pedir nada para él.

Luego mira a los generales allí reunidos, que abarrotan el lugar como antes lo hicieron con cientos de vagones de ferrocarril en los que se trasladaron hasta Aguascalientes.

Únicamente me concreto a decirles que quiero mirar claro en los destinos de mi país, porque muchos son los sufrimientos que ha atravesado. En manos de ustedes están los destinos de la Patria y si la Patria se pierde, sobre la conciencia de ustedes que son hombres conscientes, pesará eso. Porque Francisco Villa les abre su corazón para decirles que nada quiere para él, sólo quiere mirar claro en los destinos de la Patria.

Se escuchan ovaciones. Todos de pie. Obregón sube al estrado y abraza al Centauro del Norte. Entonces el presidente de la reunión, Antonio Villarreal, saluda el juramento de Villa y declara:

Ésta es la Convención de los desamparados, somos los representantes de la gleba. El gobernador de Nuevo León, quien no pudo negociar la paz con Zapata, la siente ahora en sus talones. Alborozado abraza a Villa y se abre un receso.

¿Sería su turno ahora de hablar? No, él no está más. Ha sabido dejar de ser para estar. Y ya para siempre será así. Por eso otros dicen por él, lo dibujan o construyen aunque no le sean fieles a la letra. Le da coraje, de hecho, lo que allí pasa el primer día y le cuenta un informante, palabras más o palabras menos:

Toma la palabra en nombre de los zapatistas Soto y Gama, promovido a coronel para cumplir con los requisitos de la Convención, vestido como campesino morelense, de calzón y camisa de manta blanca, como si siempre hubiese surcado la tierra y no los renglones. Sube a la tribuna con el pelo encrespado, furioso, como si fuese un senador romano ante el saqueo de la ciudad. Ha esperado muchos años un lugar y un sitio como éste para pronunciar la arenga que lo contenga a él del todo. Se olvida incluso de que no se representa a sí mismo, sino a su general Zapata. Entonces arranca la bandera nacional de una pequeña asta detrás del atril donde ha puesto las hojas de su discurso y grita, enfurecido:

No es a este trozo de tela al que le hablo. Este trapo no puede sino recordarnos el oprobio y la corrupción. Representa al ejército monárquico de Iturbide, proclamado por sí mismo y por los vendepatrias de siempre, emperador. Representa el poder que todo lo corrompe. No, señores, yo hablo en nombre de la revolución de Emiliano Zapata.

Inspirados en los principios del anarquismo y de Kropotkin, debemos empezar por romper los símbolos que nos atan, destruir todas las abstracciones que oprimen a las masas.

El discurso se interrumpe. Tamaña ofensa. Los generales sacan sus armas, dos más llegan al podio a sujetar a ese hombre sacrílego. Hay gritos y es difícil contener los ánimos allí encendidos por la flama de la oratoria de Soto y Gama. Algunos abandonan el recinto en lo que regresa la calma. A quienes se quedan los inunda con su retórica, les da clase de historia del anarquismo ruso. La consigna revolucionaria *Tierra y libertad* que se ha tomado del magonismo es también rusa, grita, Ricardo Flores Magón simplemente la robó de Alexander Herzen. Por algo nos hemos levantado en armas, dice. Luego increpa a los villistas, les escupe que con dificultad podrán entender a los indios del sur. Vuelve a la carga y habla de la historia universal, de los líderes de sus pueblos. Mezcla con soltura a Buda, a Marx, a Francisco de Asís. Luego habla del apóstol Zapata, mezcla, síntesis, de lo mejor de los anteriores.

Varios carrancistas intentan interrumpir al orador, uno de ellos es retirado de la plataforma antes de atrapar a Soto y Gama quien grita, finalmente, jaloneado, entre aplausos y ovaciones:

¡Viva Villa! ¡Viva Zapata!

* * *

Los dos ausentes. Era necesario. Por eso los clamores. Sólo así la revolución existe, lo sabe Emiliano mientras se enjabona de nuevo la mejilla frente a ese pedazo de espejo que no le permite verse del todo.

Aunque ciertos declararon a Soto y Gama mentalmente enfermo, urgiendo enviarlo a una clínica, la realidad es que tras bambalinas, entre Ángeles y el anarquista se urdía un plan para tejer una alianza formal y verdadera de Villa y Zapata. Lo que le faltaba al zapatismo, afirmaba ante Ángeles, era una verdadera plataforma nacional. Era un movimiento local firmemente enraizado en Morelos con demandas muy válidas para el centro y el sur del país, pero no había encontrado aún su razón de ser nacional después de tantos años.

La cortina de humo daba resultado.

La mayoría de los siguientes oradores hacía referencia al discurso de Soto y Gama, lo denunciaba como un socialista hablador, pero enrareció de tal forma el debate que todos también buscaron en los clásicos. Los oradores citaban allí, en el Aguascalientes de fines de 1914, por igual a Plinio, Voltaire, Rousseau, Spencer, Darwin, Nietzsche.

La casa de citas apestaba a perfume y afeites ante los ojos

de los generales y coroneles. Las tropas allí asentadas sabían que se trataba de un asunto de otras gentes.

Bebían y dormían esperando sin remordimientos la imposible resurrección de sus carnes. El pobre día y la noche grande.

Eso allá. Aquí en Morelos, Zapata se rasura y piensa. Imagina que las cosas pudieron ser de otra forma, con él en Aguascalientes. ¿Y entonces dónde estaría la revolución?

VII

Embriaguez de la bola, sobriedad etílica de los oradores borrachos de citas, embrutecidos de historia y de retórica. La Convención continúa con sus arengas inflamadas y sus generales aburridos. Pero también con la firme intención de unos de derrocar allí mismo a Carranza y de otros de acabar con el villismo. Vienen y van telegramas y misivas. Los villistas se declaran seguidores del Plan de Ayala. Se aceptan, después de agitadísimas discusiones de cartón y merengue, los artículos cuarto, sexto, séptimo, octavo, noveno y décimo segundo como la base de cualquier constitución futura. La ley se ha dado cuenta de que el reclamo agrario es lo único que justifica ya la revolución. Zapata estará para siempre allí sin haber ido, sin siquiera haber pisado la Convención, de la que descree. Urge un jefe máximo que ordene este desmadre, le dice a Josefa Espejo. Urge buscarlo.

La respuesta de Zapata a este triunfo parcial es de aplauso pero aclara que no mandará delegados ni firmará la Convención hasta que ésta no deponga a Carranza. Continúan así los dimes y diretes, en la trastienda y en la tribuna.

Le narra Soto y Gama en una carta que uno de los de Carranza gritó a los zapatistas minutos antes que ya hablaran de una vez de todos los asuntos que traían y que dejaran de actuar como privilegiados:

Ustedes no han contraído el menor compromiso y día a día aumentan sus condiciones. Y mire usted, señor Soto y Gama, yo sí conozco a los indios. Sé lo que sufren porque yo soy indio mayo puro y he sufrido con ellos y, vean, no vengo aquí a chillar.

131

Hubo rechiflas. Marciano González, *Pico de Oro*, se levantó de su silla y arremetió:

Señores, levantemos un arco y que bajo la bóveda de ese arco pasen triunfantes los representantes de Atila.

Volvieron a callar al hombre con rechiflas mayores. Entonces Obregón leyó un mensaje de Carranza en donde declaraba que en prueba de su disposición a sacrificar su puesto, su cargo, su personalidad, sus títulos y sus derechos, debían cumplirse tres condiciones: que se estableciese un gobierno apoyado por el Ejército Constitucionalista, que Villa renunciara a la jefatura de la División del Norte, debiendo salir del país si la Convención acuerda que él también debe expatriarse y que asimismo Zapata renunciara al mando de sus fuerzas retirándose del país y entregando las armas. Empiezan de nuevo las rechiflas. Obregón cierra la lectura de la carta:

Pero si llegare un momento en que dicha junta no pudiere seguir adelante porque en otros no hay el mismo espíritu de abnegación y patriotismo que en mí, entonces, si la salvación del país y el triunfo de la revolución así lo exigen, en mi carácter de jefe llamaré a mi lado al Ejército Constitucionalista que me reconoce como tal, para luchar contra los enemigos de la libertad del pueblo mexicano.

Felipe Ángeles y otros convencionistas tienen el encargo de preguntar la respuesta de Villa, ésta llega en telegrama y es nuevamente leída en la asamblea:

Yo por mi parte, declara, propongo para la salvación de la patria, no sólo retirarme de la División, sino que presto mi consentimiento para que la Convención, que tiene los destinos de mi Patria en sus manos, ordene que nos pasen por las armas tanto a mí como al señor Carranza, para que los que se quedan a salvar la Patria conozcan los sentimientos de sus verdaderos hijos.

La asamblea estalla en aplausos. Pero las propuestas de los jefes dejan de usarse en las discusiones de los días siguientes hasta que las unidades de Guerra y Gobernación deciden cesar en sus funciones al encargado del Poder Ejecutivo, Venustiano Carranza y al jefe de la División del Norte, Francisco Villa.

Entre los telones del teatro, Ángeles y Obregón habían pactado esa providencia final que fue votada por mayoría aplastante, 112 contra 21 votos. El 4 de noviembre Carranza abandonó la ciudad de México para refugiarse en Puebla.

Villa, desde Aguascalientes, le escribe a su nuevo aliado en Morelos anunciándole su intención de tomar la ciudad de México ante la tentativa de varios generales de no suscribir lo acordado en la Convención y le pide que, como las fuerzas constitucionalistas se avecindarán en Puebla, según los informes, disponga el mayor número posible de las fuerzas a su mando y que se sitúen entre Puebla y México, a fin de interceptar el paso de las fuerzas que Carranza tratará de enviar a la capital de la república.

Otra guerra, una de verdad. Ya han terminado de nuevo las palabras.

Cuatro días después, el 14 de noviembre, Emiliano Zapata dispone otra cosa: atacar la ciudad de México.

El Ejército Libertador, que ya había desplegado sus operaciones desde Chalco hasta el Ajusco, toma la ciudad y expulsa de ella al general Lucio Blanco.

El coronel Gabriel Saldaña informa al cuartel general el día 21:

La capital de la república está siendo evacuada por las fuerzas carrancistas entregadas a toda clase de desenfrenos.

Luego le informa que deberán apoderarse de San Ángel para tener una posición que permita acordonar una línea militar que se han propuesto envolver: Xochimilco-Tlalpan y el propio San Ángel.

El general carrancista Enrique Estrada entrega Xochimilco y Tlalpan pero quiere poner condiciones, que Maximino Iriarte no avance al centro de la capital. Francisco Pacheco, jefe de las operaciones zapatistas, se opone y le pide que sus tropas pasen al cuartel de Topilejo y se incorporen a sus fuerzas. El 22 los zapatistas toman Coyoacán y San Ángel.

Los vecinos se esconden en sus casas. No hay comercios abiertos. Se suspenden los trenes. Juan Banderas, el *Agachado*, toma Iztapalapa. Los pocos carrancistas de infantería huyen por todos lados como zorros que han perdido su madriguera. Años de nutrir la imaginación de sus lectores con las barbaries esperadas, la prensa capitalina reacciona alarmada: han llegado el temido Atila y sus hordas.

La madrugada del 24 de noviembre de 1914, tres años después de que se hubiese proclamado el Plan de Ayala, mientras la ciudad duerme sin placidez y con zozobra, las campanas de catedral suenan enloquecidas. Disparos al aire inundan el zócalo y los gritos de los revolucionarios llenan las calles cercanas. El Ejército Libertador se entrega a una balacera cerrada por casi una hora. Luego ordena el alto al fuego y sin resistencia toma Palacio Nacional.

Soy zapatista del estado de Morelos
porque proclamo el Plan de Ayala y de San Luis
si no le cumplen lo que al pueblo le ofrecieron
sobre las armas los hemos de hacer cumplir.

En los cuarteles generales corren los telegramas y los partes. Por acuerdo de los ejércitos zapatista y villista declaran al coronel Vicente Navarro gobernador interino del Distrito Federal y a Manuel de Icaza, representante de Villa, secretario de Gobierno.

Se publican decretos en distintos puntos de la ciudad estableciendo la pena de muerte para los delitos de robo, alteración del orden público, o en perjuicio de los ciudadanos pacíficos.

Al mediodía del 26 de noviembre el general Eufemio Zapata con su Estado Mayor entra en la ciudad hasta llegar a Palacio Nacional. Luego se dirige al Hotel Iturbide, donde conferencia con el general Antonio Barona, recientemente nombrado jefe de la plaza. Los curiosos se iban acercando a verle, le saludaban de cuando en cuando.

A las cinco de la tarde del día siguiente el general Emiliano Zapata está en la Escuela de Tiro, corre la noticia como pólvora en máuser. La prensa se acerca a verlo, le toma fotos, le hace preguntas:

General, ¿está usted de acuerdo con la Convención?

Sí.

¿Está usted de acuerdo asimismo en que el general Eulalio Gutiérrez asuma provisionalmente la presidencia de la república?

Sí.

¿A qué hora llegó usted a la capital?

Serían las dos y media de la tarde.

¿Piensa usted permanecer aquí algún tiempo?

No, mañana he de salir.

¿Puede saberse el objeto?

He de dar disposiciones para el movimiento de mis fuerzas.

Su hermano, el general Eufemio Zapata, que se encuentra también en la metrópoli, ¿sale mañana con usted?

No, permanecerá aquí.

¿Desempeñará algún puesto oficial?

No, vino a dar su vuelta.

* * *

Emiliano desea regresar a Morelos porque ha citado a sus jefes para tratar el asunto de la presidencia provisional y del programa de gobierno que más se acerque al Plan de Ayala, así como acordar sus próximos movimientos. Antes de salir se reunió con profesores y obreros de la capital. Pidió al nuevo gobierno de la ciudad que atendiera a los maestros cesados y que reabriera la Casa del Obrero Mundial en Santa Brígida.

Después de platicar con Barona sobre su idea del orden de las tropas y la imagen que debían dar, manda un telegrama a Villa invitándolo a reunirse con él y regresa a casa. Llegó en tren, por San Lázaro, pero ahora retorna a caballo.

Como siempre hay algo en esa ciudad que le es ajeno, francamente antipático, sólo que no atina a saber qué es lo que lo molesta tanto.

Hace años, en una tarde como ésta, salió en un caballo nuevo, que le había regalado Ignacio de la Torre en prenda de algo que no se atreve a nombrar. Ahora lo hace de nuevo, convertido en algo que no ha anhelado nunca. Una figura, un símbolo, un enemigo.

Le han ofrecido un automóvil de regalo, pero lo rechaza. Prefiero mi caballo. Me siento más seguro en él. Y además, he de decirles que el caballo es la salvación del hombre.

Cabalga con prisa, seguido de los suyos, no solitario como entonces, pero igual cavila. Lo han acusado de bandido, como a los *Plateados*, no lo han colgado aún como a Salomé Plascencia, pero más de uno sería feliz con verlo morir. Aquella promesa infantil se estaba cumpliendo. Por primera vez en tantos años de revolución, Emiliano Zapata presiente que esta vez sí llegará la justicia a Morelos, y quizá a todo México, eso está por verse. Se lo dice a Robledo, que cabalga con él.

Dios quiera, Miliano. Dios quiera.

Una comisión de la División del Norte llega al cuartel de Cuernavaca casi al mismo tiempo que los jefes de la Junta Revolucionaria del Centro y del Sur. Llevan una carta para Zapata firmada por Villa: *Le hago presentes los deseos que tengo de celebrar con usted la conferencia que me anuncia y darle un estrecho abrazo. Creo oportuno participarle que no entraré a la capital de la república con las fuerzas de mi mando, hasta que no tenga el gusto de hacerlo en compañía de usted; pues deseo que todo el mundo se dé cuenta de que estamos unidos fraternalmente y dispuestos a hacer toda clase de esfuerzos y sacrificios por el bienestar y tranquilidad de nuestra Patria por la que tanto hemos luchado, usted en las montañas del sur y yo en las estepas del norte.*

Por primera vez en años los enviados no son retenidos ni sujetos a un juicio de Manuel Palafox. Zapata acepta de inmediato y se hacen los preparativos para su encuentro en Xochimilco y la entrada conjunta en la capital.

Y era cierto, Villa llega a Tacuba con el presidente Eulalio Gutiérrez y al día siguiente lo acompaña en una caravana de autos y taxis escoltados por doscientos *Dorados* de la División del Norte a Palacio Nacional. Villa los deja en la puerta del elevador.

Eufemio Zapata y su escolta reciben al Presidente en el salón de embajadores como Jefe de la División de Oriente del Ejército Libertador del Sur. Pronuncia un sonoro discurso que saldrá al día siguiente en los titulares:

Cuando los hombres del sur nos lanzamos a la revolución para derrocar a los dictadores que por grado o por la fuerza se había posesionado de la silla presidencial, hice yo una solemne promesa a mis muchachos: la de quemar la disputada silla, tan pronto como hiciera yo mi entrada a la capital.

Mira a los presentes, detiene la vista en Eulalio Gutiérrez. Nadie se inmuta.

Esa silla yo creo que tiene un talismán de mal agüero. Porque he notado que todos los que en ella se han sentado, no sé por qué extraño maleficio que posee se olvidan de las promesas y los compromisos que hicieron y su único sueño dorado es el de permanecer por el tiempo que les fuera posible sentados en esa silla.

Nuevamente se detiene en Gutiérrez, lo mira amenazante y remata:

Pero me encontré con que se la llevó Carranza con la intención, según cuentan que dice, de sentirse presidente de la república cada vez que se sienta en ella.

Después de sopesar las palabras del suriano y señalando la silla presidencial de cada uno de los salones que visitaban, Eulalio Gutiérrez le dice:

No en balde, compañero, se es buen jinete. Usted y otros como usted deben estar seguros de llegar a presidentes el día que sean así las sillas que les echen a los caballos.

Eufemio no ríe ante la broma. Sigue escoltando a Gutiérrez por Palacio. En el piso de abajo se encuentra con la tropa de Eufemio que cuida el edificio. Están cenando. Le invitan a Gutiérrez unas tortillas con frijoles, restos de mole de gallina.

Tequila. Eufemio les dice:

Aquí el compañero presidente cree que Emiliano y yo y otros como nosotros seremos presidentes el día que se ensillen los caballos con sillas presidenciales como la que está allá arriba.

El silencio fue el único eco. Francisco Salgado a nombre del Ejército Libertador habló desde el balcón a la muchedumbre y entregó la sede del poder de la nación al gobierno convencionalista.

Al menos podían respirarse unos días de paz.

* * *

Emiliano Zapata y Francisco Villa deben verse en Xochimilco. Tanto depende de este encuentro. Villa, temido por sus emotivos arranques en los que nunca mide su crueldad, seguidos de llantos culposos, ha escogido a Felipe Ángeles como su acompañante para la conversación privada y Zapata a Paulino Martínez, viejo periodista al que Villa odia desde hace años. Zapata no puede saber de la animadversión. El consejo de Ángeles a Villa no se hizo esperar:

Bajo ninguna circunstancia le permita operar independientemente en contra de Carranza. Es un revolucionario pero no sabe nada de guerra. Su ejército ni siquiera merece ese nombre. No tiene un solo general de talento. Así que si pide encargarse de las operaciones en el sur por sí mismo no se lo permita. Tenemos que cazar a Carranza en Veracruz. No hay que darle tiempo a reagruparse, de lo contrario quién sabe qué nos espere, profetiza Ángeles.

Es el 4 de diciembre de 1914, una muchedumbre se congrega. Es un día de fiesta nacional, acaso tan importante como cuando José de San Martín y Simón Bolívar se encuentran en 1874. Éstas son otras circunstancias, otra pompa también. Hay niños vestidos con uniforme de escuela que cantan corridos. La muchedumbre lanza vivas a Francisco Villa, lo vitorea y aplaude aun más cuando ve llegar la comitiva de Zapata por la carretera de Cuernavaca.

Una guardia del Ejército Libertador apostada en la calle Juárez contiene al gentío. Todos quieren saludar de mano a los jefes revolucionarios. Es mediodía y el sol quema, pero la mayoría lleva sombrero.

Alfredo Serratos y Otilio Montaño presentan a cada uno de los jefes revolucionarios. Los niños arrojan confeti a los hombres, sus sombreros y sus ropas en fugaz arcoiris. La calle queda tapizada de papelitos de colores.

Se dirigen a la casa de Manuel Fuentes en la octava calle de Hidalgo. En el segundo piso, en uno de los cuartos, se instalan los hombres. A Villa hasta allí lo habían escoltado ciento cincuenta *Dorados;* estaba con su Estado Mayor y Roque González Garza.

Soy muy feliz de estar al fin al lado de los zapatistas, nuestros compañeros revolucionarios del sur. Vamos a tratar sobre la suerte de México, dijo Villa. Serratos lo interrumpió.

En sus manos está.

La guerra la hacemos nosotros, los pobres, afirma Villa, a quienes se nos debe dejar solos para que después vengan los del gabinete a tomar su chocolate. Es una desventaja que en nuestro país los elementos más conscientes sean los más corrompidos.

Nadie lo interrumpe, Villa es dueño de toda la escena.

Miren ustedes a los carrancistas, son hombres que han vivido en camas blanditas, ¿dónde van a conocer nuestros sufrimientos?

Entonces Zapata lanza el primer comentario para la historia. Están siendo grabados. Todo depende de ese encuentro:

Al contrario, han estado acostumbrados a ser el azote del pueblo. Estos cabrones, luego que ven tantito lugar se quieren abrir paso y se van al sol que nace. ¿Al sol que nace? Se van mucho al carajo. ¡Yo no los consiento! En tantito cambian y se van ya con Carranza o ya con el de más allá. Todos son una punta de sinvergüenzas. Por eso yo se los advierto a todos los amigos, que mucho cuidado. Si no, les cae el machete.

Vienen las risas.

Así se quedan platicando por más de una hora. Hablan de la reforma agraria. Villa acepta los términos del Plan de Ayala.

Todas las tierras están en manos de los ricos y los pobres tienen que trabajar de sol a sol. Estoy convencido que en el futuro la vida será distinta. Y si las cosas no cambian no dejaremos entonces los mausers. Debemos darle a la gente las tierritas que quieren. Aunque no faltará quien quiera quitárselas de nuevo.

Mire, general, en Morelos la gente ama tanto la tierra que ni siquiera pueden creer cuando se les dice esta tierra es tuya, creen que se trata de un sueño. Pero nomás ven a otras gentes que tienen su primera cosecha y ya dicen que van también ellos a pedir sus tierras. Voy a sembrar aquí, dicen.

Benigno Serrato tercia:

Es que les parece imposible que de veras haya ocurrido, piensan que mañana alguien va a llegar a quitárselas.

Entonces Villa les asegura que la gente del sur será la que esté a cargo y que pronto se verá quiénes son sus amigos.

Ellos morirán antes que entregar sus tierras de nuevo, sentencia Emiliano.

Después cambian de habitación para conferenciar en privado. Sólo entran Villa, Zapata y Palafox. En esta reunión secreta hablan de la guerra, ya muy poco de la tierra. De la campaña contra Carranza. Villa intenta convertirse en el jefe supremo del ejército pero Emiliano contraataca:

Yo no voy al norte y usted no viene al sur, así conviene que nos vayamos respetando.

Esta gente, general, es muy fuerte. La peor lucha aún no la libramos.

Yo le garantizo que puedo contra Carranza.

Si usted me da su palabra, termina Villa.

Luego hay cena y discursos. Todo está listo para la entrada del Ejército Convencionalista a la ciudad.

Paulino Martínez dice que es el primer día del primer año de la redención del pueblo mexicano. Zapata le pide a Villa que brinden y trae una botella de coñac. No sabe que es abstemio. Aun así el del norte accede y mientras Emiliano se toma la primera copa de un trago Villa se ahoga, siente que la bebida le quema la garganta, escupe, ha enrojecido como un camarón y pide agua, a gritos, que le traigan un vaso de agua, por favor.

٭ ٭ ٭

Dos días después treinta y cinco mil soldados con su uniforme caqui de la División del Norte y veinte mil más de Zapata vestidos con calzones blancos de manta y enormes sombreros son saludados por la multitud en las calles de la capital.

Antes, el sábado por la mañana, en San Ángel los recibieron con emoción, con igual júbilo. Más de dieciocho mil zapatistas marchaban lentamente. Emiliano Zapata, su escolta y los principales jefes surianos se dejaron ver entre vítores, más confeti y canciones. Las campanas de la iglesia suenan una y mil veces en el aire de la mañana. Se hizo valla de honor y ceremonia en el salón de cabildos.

Emiliano saluda a todos de mano. Se había vestido para la ocasión, con su traje de charro, su chaqueta de gamuza color beige con bordados de oro viejo y un águila que llenaba toda la espalda.

El rostro era alegre aunque mostraba las marcas de quien ya ha resistido a todas las inclemencias del tiempo y de los hombres.

La fiesta siguió hasta tarde, hubo una cena que las autoridades ofrecieron en el restaurante San Ángel Inn, donde alojaron a los generales.

El domingo, en cambio, salieron temprano por la calzada de la Verónica, por el rumbo de San Cosme, mientras el contingente se engrosaba con las fuerzas apostadas en Tlalpan, Coyoacán y Churubusco.

Siguieron por Mixcoac y Tacubaya hasta cruzar Chapultepec y detenerse en el punto acordado de reunión.

A pesar de los preparativos para la parada militar, casi nadie se esperaba la marcialidad de esos casi sesenta mil hombres que desfilaron por el centro de la ciudad. Los balcones de las casas se adornaron con banderas.

En la descubierta dos secciones de caballería del Ejército Libertador del Sur, luego un escuadrón de los *Dorados* y en seguida Emiliano Zapata.

Detrás Eufemio Zapata con su Estado Mayor. En la columna central el Ejército Libertador con sus fuerzas de tres armas, con la infantería siempre a la vanguardia.

Lucían sus banderas y estandartes.

¡Allí viene la virgen india!, gritó alguien. Era la bandera de Zapata.

En sistema ternario proseguía la División del Norte, con el general Felipe Ángeles al mando de la columna y su Estado Mayor.

Una banda de música al frente de cada batería.

Luego la artillería, los setenta cañones de las batallas de Paredón, Torreón, San Pedro de las Colonias y Zacatecas.

Después los carros fraguas y de mecánica y una sección del servicio de salud.

A las seis de la tarde terminó el desfile y se dio la orden de suspender la marcha, incluso a las tropas que aún no llegaban al zócalo.

A las doce y diez minutos la vanguardia ha llegado a Palacio Nacional. Villa y Zapata entran a presentar sus respetos al presidente Gutiérrez.

Salen al balcón descubriéndose ante la multitud que los ovaciona.

Se toman fotos. Villa le dice a Emiliano que se siente en la silla presidencial. Pero él no acepta.

Es su turno, general, yo ya me senté.

Y se ríe. Pero el humor de Zapata no está para esos chistes. Nunca está para bromas.

Yo no peleé para esto. Peleé para obtener las tierras de regreso, las que nos pertenecen por derecho. No me importa la política. Dejemos que otros se sienten en ella, o mejor habría que quemarla para poner fin a tantas ambiciones.

Villa sonríe como un héroe de fotografía, como en un daguerrotipo desvanecido, y Zapata mira con recelo a la cámara. No sabe qué hacer con su sombrero, no sabe dónde detener la mano. Cruza la pierna. El fotógrafo acciona el disparador. Ese instante se congela en la placa.

Luego Eulalio Gutiérrez les brinda un banquete. Se le ha extendido la presidencia provisional después de sus primeros veintiún días. La comida es copiosa, y la bebida también. Villa aún se encuentra sonriente, como con abandono.

Emiliano se encuentra incómodo, como siempre en esas situaciones. Come poco, casi con desgano e intenta evadir los ojos cuando las cámaras vuelven a fotografiarlo. Mueve la cabeza, intenta escuchar las conversaciones entrecortadas entre Villa y Gutiérrez, sin éxito.

¿Podría confiar en Pancho Villa?, se pregunta mientras lo contempla conversar, lo ve tan dueño de sí. Sabe que es un hombre curtido en otro barro, tan ajeno a él y a los del sur que no puede entregársele totalmente. No deja de verlo ambicioso, con ganas de ser el centro de atención, el poderoso. Y luego esa propuesta de comandar él solo al ejército unificado. ¡Hábrase visto tal ofensa! Ya se los comentará a sus jefes de tropa, quienes seguramente compartirán su recelo.

Pero la preocupación mayor no es Villa, es su propia capacidad para gobernar ahora su región. Él y los suyos serán independientes, autónomos por vez primera. Ha podido disciplinarlos en combate pero ahora se pregunta si podrá hacerlo en el día a día, en la brega por el poder civil, por el reparto de tierras. Los suyos también tienen ambiciones que él detesta, se han peleado entre sí tantas veces, le han reclamado su confianza ciega en Palafox, lo han recriminado por ello.

Francisco Villa y Emiliano Zapata nunca se volverán a ver. A Emiliano la picazón de regresar a su tierra lo urgía a retirarse. Villa, en cambio, se quedó en la capital, planeando con Ángeles el final de Venustiano Carranza.

Se sentía un murciélago al que han encerrado en un tarro de miel. Emiliano Zapata no estaba hecho para la ciudad, ya le había dicho a Villa que en México había demasiadas banquetas y que él siempre se estaba cayendo de ellas. Tomó el camino de Puebla, dejando a Palafox y a Soto y Gama en la ciudad, junto con otros jefes y con Paulino Martínez, quien pronto será asesinado a traición. Palafox asegurará que por las fuerzas villistas y en otros informes, particularmente de Dolores Jiménez y Muro, todo apunta a que los culpables son gente del propio Eulalio Gutiérrez. El poder se dedica a eso, a intrigar. Son como aves parlanchinas urgidas de monte, como las aves que lo despertaban en Puebla, cerca de la barranca de los Atopules, en los días de encierro con Montaño con sólo los montes como testigos: Tlacomalco, Cihuiapile, Piztilihuic, Coautototola. Tierra de murciélagos también, y de tejones. Así, como tejones, son todos en la capital. Animales medrosos que se esconden para robar y huyen en el día para no dar la cara los muy cabrones.

¿Y qué significa una palabra, poder, cuando ya nada se tiene, cuando no se aspira a tener nada que no sea la tierra, suficiente para sembrarla uno mismo con los suyos?, se pregunta Emiliano Zapata esa noche. Sólo es dueño de su silencio y de su destino.

Tal vez porque todo el que rechaza el poder, como dice el poeta, termina destruido por él. Allí se echó la suerte, jugó a la lotería.

Y salió la carta de la muerte con su filosa guadaña. Lo aguardaría pacientemente.

143

VIII

Soberbios lomos resoplan al portar al general y a su escolta. Animales a la intemperie que salen de la ciudad para adentrarse en la tierra. En el miedo de la tierra. Tristes esqueletos en sus monturas que silban. En la noche silban.

Así se va para Puebla. Los carrancistas casi han abandonado la plaza. Un día después toma la ciudad. Eufemio se había encargado antes de San Martín Texmelucan.

Resguarda el lugar y se retira. Busca un nuevo espacio, un verdadero refugio. El 15 de enero de 1915 Obregón volverá a tomar Puebla e iniciará su ofensiva contra Francisco Villa hasta llevarlo a la aniquilación. Pero Zapata ha decidido que es su tiempo, el tiempo de la revolución del sur, el tiempo de Morelos.

Es hora de regresarse. Dejar que los de la ciudad hagan política y que Manuel Palafox lo represente en el nuevo gobierno. No hay que perder tiempo, se dice, para repartir de una buena vez todas las tierras de Morelos. Le harán falta hombres, ingenieros, pero no fuerzas.

Llega a Cuautla de madrugada. En la estación lo esperan Josefa y su hermana María de Jesús, con Nicolás. Pregunta por qué no está dormido. Le dicen que ha extrañado a su padre, que no lo reprenda. El niño le abraza la pierna y él lo carga, lo abraza.

Salen de allí como si nunca se hubiesen ido, como si todo este tiempo y estos años de lucha no hubiesen sido sino un paréntesis.

Esa noche no puede dormir. Se despierta varias veces, sudando.

Escapa de una tercera pesadilla de la que sí recuerda la historia. Está otra vez en la capillita destruida por los guardatierras de la hacienda de Hospital. Sólo que esta vez no hay río de sangre ni mujeres llorando. Está solo, allí, con un Cristo ensangrentado, única compañía.

El Cristo lo mira. Está llorando. No sabe por qué, no le habla, pero llora. Muchas lágrimas, como si fuera un ojo de agua y no un par de ojos de vidrio los que tiene allí en el rostro. Emiliano es un niño y escucha los fusiles, las carabinas, los mausers, el estruendo de la guerra que vendrá.

Se voltea a ver si alguien lo mira, porque él también está llorando. El suyo es un llanto apagado, de coraje y no de tristeza. Una ráfaga de artillería entonces atraviesa su cuerpo. Se ve a sí mismo en el sueño, cayendo en el piso antes de cerrar los ojos.

Despierta sudando. Todo se ha desvanecido, menos la rabia.

* * *

Decide que es tiempo de mover el cuartel general. Elige Tlaltizapán. Allí vive unas veces solo, otras con Josefa, casi siempre con la mujer de turno. Con dos de ellas tiene hijos, Aurelia Piñeiro y una soldadera de nombre Dolores. Desea un lugar hermoso, próspero. Se acuerda de los arrozales, de la vegetación, pero también le permite escapar rápidamente por Jonacatepec o hacia Puebla en caso de una venganza.

Son meses de intensa comunicación con la capital. Sólo para enterarse de las intrigas, las muertes, los asesinatos. Las tropas de Villa incontrolables, la huida de Eulalio Gutiérrez, el nuevo presidente interino Roque González Garza, otro amigo del Centauro del Norte. Volverá a la ciudad sólo una vez, para amenazar al nuevo presidente cuando destituye a Palafox de su cargo como ministro de Agricultura. O Palafox regresa o el mismo González Garza puede ir haciendo sus maletas.

Nombra a Gildardo Magaña gobernador interino del Distrito Federal y a Amador Salazar, con su escolta uniformada de charros verdes, jefe de la policía. Entonces Zapata regresa a su arcadia personal, a supervisar el reparto de tierras.

Los jefes, en votación secreta, elijen a un nuevo gobernador, Lorenzo Vázquez. Él será el encargado de que las autoridades civiles, las municipales, pronto gobiernen el estado. Los jefes militares debían regresar a sus pueblos para garantizar el orden o llevar sus tropas a combate, según se requiriese.

Desde enero de 1915, después de organizar su Secretaría, Manuel Palafox se encargó de encontrar el modo en que el reparto agrario debiera hacerse. A la prensa capitalina le dijo que la repartición de tierras se llevaría a cabo de conformidad con las costumbres y los usos de cada pueblo. Es decir, que si determinado pueblo pretendía el sistema comunal así se llevaría a cabo, y si otro pueblo deseaba el fraccionamiento de tierras para reconocer su pequeña propiedad así se haría.

Palafox debía aprovechar su momento histórico, para eso se había preparado tantos años. Aunque la huella de arrogancia que dejaba empañaba sus otras cualidades, lo cierto es que era increíblemente activo. Después de la conferencia de Xochimilco con Villa, encargó la administración del cuartel general de Zapata a Santiago Orozco y además del despacho de su ministerio organizó otro cuartel en el Hotel Cosmos, en el número 12 de San Juan de Letrán, en la ciudad de México, donde vivió meses de trabajo arduo y marcha forzada en los que por un lado tuvo que lidiar con las intrigas de Palacio y por el otro organizar una fuerza de reparto agrario ejemplar.

En una entrevista le preguntaron si se iba a dedicar a estudiar la cuestión agraria.

No señor, no me dedicaré a eso. La cuestión agraria la tengo ampliamente estudiada, me dedicaré a llevarla al terreno de la práctica.

Y eso hizo.

❋ ❋ ❋

Ahora la tarea es titánica. Requiere fondos, imaginación y destreza. Funda el Banco Nacional de Crédito Rural y, a la manera de Chapingo que tan bien conoce, establece escuelas regionales de agricultura y una fábrica nacional de herramientas agrícolas.

El 14 de enero funda la oficina especial de reparto de tierras y distribuye propaganda no sólo por Morelos sino en Hidalgo, Guanajuato y Puebla diciendo a los campesinos que es tiempo de reclamar sus tierras. ¡El Plan de Ayala empieza a cumplirse!

La generación de 1913 de Chapingo había salido a Chihuahua para prestar sus servicios a Villa. Ahora la de 1914, recién egresada, debía irse al sur con su profesor, Ignacio Díaz Soto y Gama, hermano de Antonio. Contrata también a Felipe Santibáñez y a Felipe Carrillo Puerto para hacerse cargo de las oficinas de distrito. Consigue a noventa y cinco jóvenes agrónomos para formar parte de las comisiones encargadas del deslinde y la repartición de terrenos tan anhelados.

El 30 de enero de 1915 le avisa a Emiliano, en su nuevo cuartel general, que esa tarde llegarán a Cuernavaca. Otra vez la Convención es amenazada. Obregón toma la ciudad de México, estará allí hasta marzo. El gobierno se traslada a Morelos, donde tiene garantías.

Entre los que van a Recala hay nueve, los de Yautepec y Jonacatepec son ocho, cinco para Jojutla, seis para Cuautla y siete para Cuernavaca. En los pueblos fueron recibidos con emoción, como los hijos letrados de una revolución que al fin hacía justicia. Se les dieron oficinas o casas abandonadas, algunas sin muebles y sin velas.

Iban a los lugares y discutían con el jefe local *la mapa*, los títulos de las tierras que ellos poseían ancestralmente. Los *calpulelques* de cada pueblo hacían lo suyo, Robledo trajo para Anenecuilco la caja negra que seguía escondida entre las rocas muy cerca del nuevo cuartel. Allí, con sus trípodes y sus niveles y sus cadenas los agrónomos luchaban por interpretar los viejos títulos, la mayoría de la época virreinal.

La mapa señala el límite con la marca de una piedra grande, o una barranca honda, o un cerro boludo y un amate frondoso. No se trata de buscar, aunque preguntan a los más viejos del lugar y muchos tampoco saben.

Estos ingenieritos no son nada catrines, le reporta De la O al jefe supremo en su cuartel, aguantan de día caminando tanto como nosotros y después se van a seguir con sus papeles a las oficinas. El deslinde de Santa María y el pueblo de Temixco había dado lugar a la confianza y ahora todos querían repetir lo mismo, empezar a sembrar.

❊ ❊ ❊

Las haciendas han quedado destruidas, particularmente las de azúcar. Palafox confisca los ingenios y las destilerías. Están en completa ruina, escribe Emiliano al joven secretario de Agricultura, ese muchacho que el general cree que él hizo y formó en la lucha.

En marzo Zapata le escribe a González Garza, entusiasmado porque lo relativo a la cuestión agraria está resuelto de manera definitiva, pues los diferentes pueblos del estado, de acuerdo con los títulos que amparan sus propiedades, han entrado en posesión de dichos terrenos.

En tres meses la revolución del sur ha cumplido un reclamo de siglos.

Ese mismo marzo ya están trabajando bien cuatro ingenios arreglados por el ejército suriano: Temixco, Hospital, Atlihuayán y Zacatepec.

Allí los campesinos que todavía cosechan caña pueden vender sus productos. Para evitar saqueos nombra a sus generales como administradores: De la O, Emigdio Marmolejo, Amador Salazar y Lorenzo Vázquez.

De esa primera zafra las ganancias, escasas, son para el cuartel general, para sufragar los muchos gastos extraordinarios de los hospitales, de los cuarteles, de ayuda a las columnas ambulantes, de socorro a las viudas de los revolucionarios muertos en campaña.

Ya llegaría de nuevo la bonanza para Morelos. Y sería para todos, pensaba Emiliano. Pero también sabía que la caña es maldita, que se lo come todo a pesar de su belleza y su dulzura. Desde niño, como tantos otros, fue viendo crecer de siete en siete los surcos de caña que devoraban las tierras del pueblo, las pequeñas parcelas familiares.

Y allí crecía como venida de otro mundo, como nacida del infierno mil veces bella y mil veces maldita la delgada espiga de la caña. De niño, con su pequeña estatura, Emiliano supo otra cosa: la caña lo oculta todo, lo pierde todo. Desaparece el horizonte, se desvanecen los montes, el sol se recorta en ínfimas porciones, como los gajos de una naranja mal mordida. Grácil a pesar de su dureza, verde como una selva instantánea. Falso junco más duro que la vida. Debajo de la caña, el miedo. Un inframundo de bestias minúsculas y enormes: alacranes y culebras, picaduras mortales. La caña destierra las aves y sus cantos. Con la caña sólo hay cuervos, el campo de noche está de luto.

Dulce la caña y bella y llena de muerte y mil veces maldita la caña.

A mediados de marzo los zapatistas vuelven a ganar la capital y el gobierno de la Convención regresa a ejercer el control central. Son los peores meses para Palafox y Soto y Gama. Roque González Garza los quiere fuera de todo puesto o toda influencia.

Zapata recibe continuamente los mensajes sobre la campaña obregonista contra Villa. Él mismo puede hacer poco, nunca le han llegado las municiones prometidas, tiene cartas incluso que muestran los negocios del hermano, Hipólito Villa, y su negativa a suministrarle parque. Le han informado espías creíbles que antes de retirarse de Veracruz las tropas norteamericanas han dejado a Carranza todos sus haberes: los de la plaza y de los barcos. Tiene incluso los datos alarmantes de la cantidad de armas y municiones nuevas. Ahora ellos, en cambio, no pueden conseguir otras armas que las que obtienen en combate. El presidente Wilson ha declarado un embargo de venta de armas a los villistas y a los zapatistas.

Si Obregón y Carranza acaban con Villa pronto vendrán por él.

Los próximos meses se parecen: allí adentro, en Morelos, la calma reina y todo es reparto y jolgorio y la producción empieza a crecer y parece que los federales nunca han estado allí destruyendo el estado.

❋ ❋ ❋

En Tlaltizapán, como en otros pueblos de Morelos, parece al fin que la guerra ha terminado. Hay quien incluso piensa que no volverá a tomar un arma.

El cuartel de Zapata se ha establecido en un viejo molino de arroz. Desde las torres de la iglesia puede verse al enemigo acercarse, con tiempo para salir a la montaña. Se le puede ver lo mismo si viene del río, de Yautepec, que si desea cruzar el valle. Es el mismo pueblo en el que Plascencia y los *Plateados* fijaron su residencia, si acaso un bandolero tiene casa, como un revolucionario, fija.

En la plaza los árboles son enormes y ruidosos, llenos de pájaros que anuncian su existencia desesperados, misteriosamente despiertos antes de la salida del sol. Un sol de oro, como moneda, que ilumina por igual las buganvillas que los platanares.

El molino tiene una sola ala habitable, con sus pequeños cuartos para peones que dan a la calle. Allí está la habitación de Emiliano con su cama de latón y su fonógrafo y su oficina, juntito.

Y por fin un comedor, aunque austero, con su mesa grande y muchas sillas para cuando se juntan todos los jefes.

En el ala de enfrente, aunque medio destruida, duermen sus soldados y su escolta y sus secretarios. Y también *Polilla*, un jovencito que igual trae recados que consigue aguardiente barato.

A esa puerta tocarán todos los próximos meses. Lo mismo políticos que reporteros, guerreros que espías. Unos con mensajes y otros con reportes pormenorizados de las acciones de los otros. Es el comedor del chisme y del rumor, pero también de la zozobra y del disgusto.

Para estar de buenas tiene su caballo y las montañas a donde escapa cada vez con más frecuencia.

Ha invitado a un catrín a su cuartel a pasar un fin de semana, un viejo hacendado al que parece le debe algunos favores que la mayoría desconoce. Pero Ignacio De la Torre se pasea por Tlaltizapán como otro más de los generales. Algunos dicen que De la Torre tiene amoríos con Manuel de Palox, que los han visto juntos, lo cierto es que el hacendado regresará a Cuautla en una curiosa forma de libertad provisional.

El general Zapata también tiene sus querencias dicen otros. Las malas lenguas, las que todo lo ven, escondidas tras sus rebozos y asomándose mustias por las ventanas. Mujeres enlutadas por la guerra, envidiosas o sabias. Vaya usted a saber.

Ignacio De la Torre participa en los jaripeos con Emiliano y vive en su casa, lleno de favores. Luego lo manda a Cuautla, donde la ciudad es ya su única cárcel: ha pedido que no se le moleste. Aunque han desaparecido los hacendados de Morelos, un grupo de pequeñas comunidades con su democracia interna respetada por los usos y las costumbres hace prosperar con trabajo y alegría el estado antes arrasado, quemado, violado en sus tierras y sus mujeres por tantos pelones jijos de la chingada. ¿Cuántas veces?

Soto y Gama le pregunta a Emiliano qué piensa del comunismo.

Explícame qué es eso.

Por ejemplo que todos los vecinos de un pueblo cultiven juntos, o en común, las tierras que les corresponden y que, en seguida, el total de las cosechas así obtenidas se reparta equitativamente entre los que con su trabajo contribuyeron a producirlas.

¿Y quién va a hacer ese reparto?

Un representante, o una junta que elija la comunidad.

Pues mira, por lo que a mí hace, si cualquier hijo de la chingada quisiera disponer en esa forma de los frutos de mi trabajo recibiría de mí muchísimos balazos.

Lo suyo era otra cosa, algo mítico, inmemorial, los hombres que provienen de la tierra y a ella vuelven, marcados por el sol y sus inclemencias y que la trabajan una y otra vez; una comunidad marcada por las mismas injusticias que se siente unida porque ahora comparte la esperanza mínima de poder comer de ello, de seguir viviendo ya sin miedo, ya con lo suyo, con su tierra. Con su polvo. Ayudando a reír a quien sonríe.

Para eso pelearon, para volver con su madre, con nuestra madrecita la tierra, la que se dice Patria.

Lo demás son abstracciones, aunque no lo entienda Soto y Gama, abstracciones como la bandera que arrancó en Aguascalientes para no firmar ante ella y ante la opresión. Lo mismo, pues, pero diferente.

Ahora tienen todo para empezar de nuevo. O empezar, mejor, por vez primera.

Y quienes allí llegan siempre lo hacen con presentes para adular al jefe, lo mismo un machete que un sombrero o un nuevo sarape; a veces un caballo o una silla y muchas pistolas.

Es 8 de agosto de 1915, el día de su cumpleaños. Tiene treinta y seis años pero se diría que ha vivido siglos, que es inmemorial, como la nieve o las montañas. Le han organizado la fiesta en la escuela. Hay corridos y canciones, muchos discursos y poemas y luego le dicen que tienen una sorpresa.

Han organizado una pelea de gallos para él. Dos de los animales, de hecho, son suyos. Josefa los ha prestado para la justa. Apuestan. En el primer combate pierde un colorado que Emiliano quiere mucho y él mismo le echa un buche de aguardiente en la cara antes de caparlo con su propia navaja. Luego se lo pasa a *Polilla* para que lo curen en el rancho.Será gallo frisón para comer en uno o dos meses, cuando haya engordado. Es lo malo de los que pierden, se los lleva siempre la chingada.

La tarde sigue, interminable. Larga como un día sin pan, pero llena de risas y de fiesta. Hay jaripeo y el mismo Emiliano prueba suerte con un toro al que laza de primera y luego monta sin caerse por más de veinte o treinta segundos.

Dos minutos, dice uno ya borracho. Los demás festejan la gracia.

Empiezan a tronar los cohetes y los fuegos.

Ya de noche, con los suyos, hay música en su comedor. Ha comprado en la capital un piano, y un trombón y varios clarinetes y la banda improvisada entre sus mismos soldados acompaña a Marciano Silva:

> *Suena la guitarra, dulce abrevación,*
> *con sonoro acento.*
> *Que sí, viva Zapata y su Estado Mayor,*
> *lo nombró su manifiesto.*
> *La explicación daré breve,*
> *quien la rechace no conoce,*
> *treinta y uno de diciembre*
> *de mil novecientos once.*

Arrímense todos con mucha confianza,
como buenos mexicanos.

Les diré lo justo y según mi experiencia
se alzó el soberano.

Todo aquel que ame a su Patria
y quiere hacerle independiente,
que se afilie con Zapata
al batallón insurgente.

Todo quita a los caciques
y monstruos perniciosos,
que explotan a la patria con tanto descaro,
cobardes y ambiciosos.

Dijo Emiliano Zapata,
protestando al mundo entero,
encaminaré a mi Patria
hasta el último sendero.

No se trata de llegar. Allí han estado siempre, sino de quedarse de una vez por todas, olvidarse de andar a salto de mata. Hay en todos una sed infinita de quietud. Y esa tranquilidad sólo puede estar en Morelos, en Tlaltizapán para él, mientras le llegan reportes de la guerra, es cierto, pero también noticias de los pueblos y sus cosechas, de lo bien que funcionan los ingenios ahora, del comercio. Le dice a Gildardo Magaña después de desayunar huevo y frijoles y tortillas, comemos como en un día de fiesta.

Ahora que hay dinero debemos ayudar a toda esa pobre gente que tanto ha sufrido en la revolución; es muy justo que se les ayude porque todavía quién sabe lo que vayan a sufrir más adelante; pero cuando esto suceda ya no será por culpa mía, sino de los acontecimientos que tengan que venir. Yo deseo que los ingenios subsistan, pero no como en el sistema antiguo, sino como fábricas, con la parte de tierra que les quede según el Plan de Ayala. La caña que sembremos que se lleve allí para su venta, a quien mejor la pague. Y si no nos conviene el precio que se maquile. Si tenemos dificultad con los ingenios pues instalamos pequeños trapiches y hacemos piloncillo o azúcar de purga, como aprendimos a hacer en las haciendas.

El *Gordito* Magaña asiente, le dice que no se preocupe que ya cuatro están funcionando bien.

Pues sí, pero necesitamos echarlos a andar todos. Es la única industria y fuente de trabajo que hay ahora en Morelos.

❊ ❊ ❊

Allí y en otros pueblos, lo mismo para festejar a un santo patrono que para las fiestas de aniversario de Morelos o de la Independencia, siempre lo invitan y hay corrida de toros, y se juegan cartas.

Cuando hay toros siempre obliga a bajar a torear a los *fifíes* de la capital. A los primeros capotazos los revuelcan y Emiliano se revuelca de risa y él mismo sale a caracolear o a hacer algunas suertes de a pie. Sólo una vez en Yautepec lo venció Juan Silveti. El único que se acerca a sus dotes es su compadre Amador Salazar. Siempre hay aplausos, mucha felicidad. Como si la guerra no hubiese existido. Es más, como si en Morelos las cosas siempre hubiesen sido así.

Y han vuelto a beber y a fumar y a cantar y a leer los periódicos en voz alta en medio de la plaza del lugar, para que todos lo escuchen.

Ha regresado la paz y con ella la vida. La vida normal, la que no tiene polvora ni miedo pegados a la piel como una costra.

Su primer hijo, Nicolás, ya tiene ocho años. María Elena, la segunda, cinco. Y las dos últimas, recién nacidas, María Luisa y Ana María, aunque Ana casi se muere en julio allí está ahora con él, días después del cumpleaños.

Los dos hijos que tuvo con Josefa no sobrevivieron la dureza de la guerra, los cambios de cuartel, el hambre.

En Quilamula lo espera siempre Gregoria Zúñiga, la mamá de María Luisa, con sus diecinueve años y su sonrisa de luna menguante. A Gregoria se la había robado en Tepalcingo y se la llevó con él a esconderse a Quilamula, no hace mucho de esto.

155

Voy a ver a mi *China*, le dice a *Polilla* y se va sin ser visto en la noche. Vuelve en dos o tres días, cuando le da la gana. Luego anda como loco consiguiendo una línea de teléfono y otra de telégrafo entre Tlaltizapán y Quilamula con el nuevo gobernador, los jefes han nombrado a Genovevo de la O para el puesto, lo que alegra a Emiliano.

Lo cierto es que no baja a su *China* para Tlaltizapán, donde tiene otras mujeres. Unos dicen que también tiene amoríos con las coronelas, particularmente con las hermanas Robles, Carmen y Amelia, pero vaya usted a saber. Y luego con dos hermanas, pues cuesta trabajo creérselo, ¿no?

Una mujer del lugar sí reclama sus favores, Petra Torres. Con ella se cobija cuando está amuinado o tiene frío o está cansado.

Al cuartel llegan todos a pedir favores. El hambre es canija y la guerra cabrona, le dice a uno que no tiene trabajo y al que manda a un ingenio con una carta personal. Le piden préstamos, favores, que interceda por ellos, que vea que se haga justicia.

También llegan los informes de espionaje, si a esa red de arrieros y comerciantes de pollos se les puede llamar espías. Pero de todo se enteran. Le dicen de los excesos de sus tropas. Y él dicta, como siempre, otra circular donde les pide a los presidentes municipales que le avisen si uno de sus jefes anda por allí cometiendo depredaciones. Me lo desarman, a él y a su gente y lo remiten aquí, al cuartel general en Tlaltizapán.

Mira *Polilla*, eso no podemos permitirlo. Si se cometen atropellos con los pueblos ¿de qué vamos a vivir?

Emiliano Zapata ha dejado de ser un hermano mayor y es ahora el padre de todos ellos. El padre de Morelos.

En la tarde está con los suyos en la plaza. Hablan de gallos y de ganado y él fuma un puro y el *Gordito* Magaña le recita su poema favorito: la "Sinfonía de combate", de Santiago de la Hoz:

> *Taciturno, medroso… cabizbajo*
> *cargado de cadenas y grilletes,*
> *allí está el pueblo… subyugado, triste.*

¡Pueblo, levanta tu cerviz airado
y lánzate a los campos de combate!

¡Pueblo, despierta ya! Tus hijos crecen
y una herencia de oprobio no merecen;
¡madre patria, tu pueblo está perdido!
¡Se acabaron tus bravos luchadores!
¡Sólo queda una raza sin vigores!
¡En el fango de inmensas abyecciones
se incuban los campeones!

Y cuando el pueblo lance su rugido,
y se inflamen sus ímpetus salvajes,
y sacuda su ardiente cabellera,
y levante la pica entre sus manos
y brille desplegada su bandera,
¡rodarán por el polvo los tiranos!

Le piden que vaya a Anenecuilco, que los ingenieros no se ponen de acuerdo con los linderos y los de Villa de Ayala están reclamando airados. Regresa a su casa, si es que acaso tiene alguna y empieza por zanjar el asunto dándoles parte de sus tierras para el reparto. Nomás estense sosiegos mientras los ingenieros me explican el asunto.

Se trata de un lindero complicado. *La mapa* muestra un lugar que ya no existe. Los hombres aseguran que por allí pasan sus tierras. Emiliano se exaspera.

Aquí los señores dicen que el tecorral es su lindero. Pues así será. Por él se me van a llevar ustedes su trazo. Ustedes, los ingenieros, son a veces muy afectos a sus líneas rectas, pero el lindero va a ser el tecorral, aunque tengan que trabajar seis meses midiéndole todas sus entradas y salidas, ¿estamos de acuerdo?

Todos asienten y, como siempre que habla el jefe, se ha dicho la última palabra.

IX

No todo es fiesta en los meses siguientes. Se está terminando el paraíso por culpa de la guerra civil afuera de Morelos. Si ellos han sido llamados el *ejército de fuera*, ahora afuera del paraíso Villa ha sido casi aniquilado.

Los informes no pueden ser más sombríos. Los carrancistas los han ido cercando y han invadido Morelos. Fortino Ayaquica le escribe a Emiliano que mucha gente ha corrido hacia el monte, por igual miedo de los zapatistas que de los constitucionalistas. Se trata de la triste situación de los civiles y de los soldados.

No hay con qué pagar a las tropas y los pueblos ya no pueden darles de comer. Han llegado a Tlaltizapán en busca de maíz, como mendigos. Bandas de harapientos que vuelven a la duda. Los carrancistas los han amenazado de grandes castigos, mucho peores que los de Huerta si vuelven con Zapata.

De nada han servido las patrullas armadas que desde mediados del año pasado han intentado controlar la situación, cada vez más grave. En mayo de 1916 expide un decreto ordenando a los jefes militares de los cien pueblos de Morelos que armen esas patrullas. Si no hay razón para que un batallón o más soldados estén en un pueblo deben abandonarlo y concentrarse en el cuartel general.

Las autoridades civiles son las únicas, afirma Emiliano, que en circunstancias especiales pueden permitir al ejército apersonarse de víveres. El cuartel general es un hervidero de partes en sentido contrario: abusos, raptos, robos.

Las circulares de los jefes cercanos no abundan en otra cosa. Francisco Pacheco pide permiso para pasar por las armas a los soldados que se han vuelto criminales. Emigdio Marmolejo le escribe, desesperado, que si el propio Zapata no toma cartas en el asunto, él fusilará a Jesús Mendoza. Desde Cuernavaca De la O le informa que Modesto Rangel ha asesinado a uno de los suyos en un acto de rabia.

Zapata pide testigos de la infamia. La vida de un soldado, les escribe, no es la de un perro. Amenaza, pero en vano. Ante otro problema con el coronel Miguel Capistrán él mismo da la orden. Avisa que en su próxima visita a Tepalcinco, lo fusilarán haciendo justicia.

Envía a sus tropas a Puebla por tela y medicinas, no importa de dónde tengan que tomarlas. Metepec, Atlixco. El cuartel general antes siempre de fiesta, empieza a quedarse sin comida, sin municiones.

Desde enero de 1916 su vicaria forma de apaciguar a los jefes atrabiliarios y molestos era darles un poco de lo que allí quedaba: lo mismo municiones que maíz o ropa. Precaria forma de la paz a través de la dádiva, necesario mecanismo de control de quien va viendo cómo se pierde la anhelada independencia.

Sigue intentando conseguir armas, pero la situación de Villa y sus aliados en el norte no lo permite. Se han acabado los dineros para instrumentos musicales y ya no puede mandar pianos y trombones a todos los pueblos que se lo piden. Escribe a los presidentes municipales que los concejos de los pueblos fijen el precio del maíz y que por ningún motivo reciban billetes carrancistas en la transacción.

Hay que distribuir lo poco que se tiene. Ordena a los jefes que no guarden granos. Confisca ropa en Cuernavaca de unos comerciantes que están guardándola para especular.

No hay que cejar ni un palmo en el reparto agrario, ésa es nuestra única bandera, le dice a Palafox que ha regresado a Cuernavaca porque la capital está nuevamente en manos de los constitucionalistas, esta vez del general Pablo González.

Es imposible bajar la guardia, como también reducir la energía con la que tiene que hacerse. Él mismo y Palafox nombran entre los de más confianza un grupo de inspectores para los ingenios, una especie de nueva guardia. Les pide a sus jefes, incluido Eufemio, que regresen los ingenios al personal del Banco Nacional de Crédito Rural.

Los rumores de algunos de ellos haciendo dinero con el azúcar lo enfurecen. Hasta su sobrino Maurilio Mejía es acusado de enriquecerse con un ingenio. Ordena que lo pasen por las armas.

A Palafox lo urge a salir de Morelos. Hay que hacer de la reforma agraria una bandera nacional en medio de la guerra perdida. Hay que iniciar cuanto antes el reparto en Jalisco y en Guanajuato, donde hay gente de la Secretaría de Agricultura. Establece comisiones agrarias al vapor en Puebla, Guerrero, México, Tlaxcala.

Se trataba de no detenerse. La calma de esos meses idílicos de Tlaltizapán ha terminado. Con Villa arrinconado él se sabía presa fácil.

Necesitaba aliados, con urgencia.

El difícil equilibrio entre la unidad, siempre precaria, y la búsqueda de respaldo afuera. Las comunidades en línea de combate contra los carrancistas protestan por la prohibición de hacer comercio con el Ejército Constitucionalista.

Estamos casi desnudos, le escriben. Son de Cuaxitlán. Le piden permiso para comprar ropa en Puebla, aunque pasen las líneas enemigas. Zapata se niega, aun a riesgo de perderlos, de que deserten.

Al seno de lo que queda del gobierno de la Convención, ya autónomo, las cosas no son mejores. Trinidad Paniagua, a cargo de la oficina del Tesoro se rehúsa a dar a Palafox más dinero para su Secretaría.

Los ingenieritos de banqueta, le dice Paniagua, pueden esperar igual que el resto de nosotros a sus pagas. Emiliano acepta el argumento y el propio Palafox lo acusa de no actuar con la celeridad que corresponde para resolver el problema.

Los comisionados agrarios, a sueldo, abandonan de poco en poco el zapatismo. Unos meses después Palafox ya no puede siquiera pagarles a los dos que le quedan en Guerrero.

La indisciplina se apodera de nuevo de sus hombres, como tribus rivales. Antonio Barona ha sido ya ejecutado en noviembre de 1915 después de haber asesinado borracho a Antonio Silva, acusándolo de haber robado y violado la casa de su madre. Genovevo de la O lo asesinó esa misma tarde y mutilaron su cuerpo a modo de escarnio.

Emiliano ni siquiera responde una carta de la madre de Barona pidiendo justicia. Se limitó a mandarle sus condolencias. Ya ha dejado de tener el control total de sus tropas. El de meses antes.

Es inútil el esfuerzo de los intelectuales atrincherados desde octubre en Cuernavaca, cuando la Convención tiene que huir de Toluca para producir una nueva legislación nacional, por orden expresa de Zapata. Los deja exhaustos en abril, tantos meses después.

La realidad de la nueva guerra ha hecho que los decretos promulgados no sean lo que Emiliano requiere, sino lo que los designios de Palafox autorizan. El control ha dejado de estar en el cuartel de Tlaltizapán y ahora precariamente pende del hilo frágil del agresivo Palafox y lo que resta de su maltrecho Ministerio de Agricultura.

En Jojutla, en mayo de 1916 se reunieron todos con Emiliano para entregarle el resultado final de sus vanos esfuerzos legislativos.

Le leen la nueva Ley General del Trabajo en la que se menciona la socialización de los medios de producción, pero las palabras progreso y orden aparecen más veces que en ningún otro documento zapatista.

Todos corean y aplauden cuando se lee que uno de los fines de la revolución, ya tan longeva y poco productiva para muchos, es la guerra a muerte contra el hacendado, la de dar amplias garantías a otros sectores de la sociedad siempre marginados.

Se trataba de crear, en una palabra, una nación de hombres dignificados, de hacer del campesino un hombre libre.

Emiliano sonríe, complacido.

◦ ◦ ◦

Nadie afuera de Morelos confía en que los zapatistas estén preparados para gobernar México. La labor de la prensa hace tanta mella como el trabajo del general Pablo González por acabar con Emiliano Zapata.

Cuando al fin Francisco Villa es derrotado por Obregón, la utopía morelense se derrumba como un montón de piedras que van cayendo de a poco de la montaña, por días y días hasta que una muy grande se lleva a todas las otras y un alud de rocas sepulta la cañada.

Hay de dos sopas, les dice González a los viejos zapatistas en todos los poblados que toma, o se acogen a la amnistía y se olvidan de su jefe o los paso por las armas. No media juicio alguno.

En Jonacatepec arresta a más de doscientos civiles y los fusila en masa, para que aprendan. A su paso, como antes Juvencio Robles, siembra el miedo y la muerte que junto con el hambre acaban con las escasas fuerzas de los pobladores.

Tenía razón Emiliano, las torres de la iglesia de Tlaltizapán son milagrosas. Desde allí un centinela da la alerta. Las tropas de González se acercan a todo galope por el valle.

Es muy tarde para el aviso. Muchos corren, se refugian donde pueden, salen a las montañas como una manada de roedores a quienes les han arrojado agua para dispersarlos. Doscientas ochenta y tres personas, la mayoría civiles, no logran abandonar la plaza. La evacuación no es totalmente exitosa. Todos los campesinos sospechosos de ser partidarios de Zapata son asesinados fría, salvajemente. Si esos hombres no estuvieran acostumbrados a vivir bajo el odio de Dios podrían horrorizarse con esa crueldad. No es el caso. Es la piedad del otro la que les es ajena. A pocos, allí en Tlaltizapán y en todo Morelos, se les concentra en algunas poblaciones luego de quemar y destruir sus pueblos. Debido al intempestivo asalto de la tropa constitucionalista, Zapata queda atrapado en el interior de su cuartel general. Los disparos se hacen cada vez más frecuentes y conforme pasan los minutos la posibilidad de la escapatoria se aleja. En la casa los pedazos de cristal vuelan por todos lados, se escucha reventar por el impacto de las balas los pocos muebles que hay. Entonces, el caudillo invoca al padre Jesús, imagen venerada en la iglesia de Tlaltizapán, su única y verdadera devoción, a quien suele encomendarse siempre antes de cada batalla. Y de pronto, sucede lo inesperado. La gente del pueblo que presenciaba aquella escena, ve cómo a espaldas de Zapata aparece sentado un hombre de larga túnica. En ese momento una impresionante tolvanera se alza en Tlaltizapán impidiendo la visibilidad, el polvo ciega unos instantes a los tiradores. Un segundo ventarrón sopla con fuerza y las puertas de la casa y de la iglesia se abren violentamente. Zapata toma con fuerza las riendas del caballo y se lanza a galope por aquellas calles que conocía como su propia vida para perderse por los caminos de Morelos. Todavía no llegaba su momento de morir. Ahora, en junio de 1916, el Atila del Sur se refugia en Tochimilco, Puebla. Pablo González, envalentonado por los triunfos, declara las razones de su ley marcial con una dureza que los zapatistas ya conocen desde hace siglos.

Como los enemigos no comprendieron el honor que les hizo el constitucionalismo al concederles un plazo para que solicitaran el indulto, el que contestaron con infinita barbarie, como el indio nunca entiende.

Ha terminado la calma, los casi dieciséis meses de tregua unilateral en los que el zapatismo atacó por costumbre o para resguardar un poco el territorio, cuidando el escaso parque que quedaba.

Las tropas del Sur dejaron el sitio batiéndose en retirada, con la prontitud de aquel que indeciso ve su esperanza frustrada.

Con mucha quietud por rumbos distintos se fraccionaron animadas a echar otro albur cuando ya expeditas para el caso se encontraban.

Cuatrocientos sucumbieron, según rindieron informes,
entre los cuales murieron mujeres, niños y hombres;
sin culpa ahí perecieron gran número de varones
entre un dolor tan acerbo y muy grandes estertores...

Algunas mujeres caían de rodillas, pidiendo al cielo clemencia, los hombres rodaban dejando teñida con sangre a la madre tierra.

Con más de treinta mil hombres, González se dedica a multiplicar el saqueo que ya Robles había perpetrado. Destrucción, incendios. Los mismos métodos y otros más crueles. Destruirlo todo, como si fuese una fiesta, hasta que no quede piedra sobre piedra.

Hasta que ninguna maldita piedra oculte a un zapatista.

Las deserciones se vuelven diarias. Al nuevo cuartel llegan noticias desalentadoras. Al inicio son más bien pueblo, gente nominalmente adscrita a la causa, como algunos en Guerrero que se pasan al constitucionalismo y se vuelven carrancistas por conveniencia.

Emiliano le pide a Montaño que medie, que consiga que muchos de los que amagan con capitular se queden en sus filas. Uno de los viejos jefes desobedece reiteradamente hasta que Zapata lo manda fusilar. La muerte de Pedro Saavedra no es la primera del tipo pero marca la tónica de los meses siguientes, meses de desesperación y rabia. Para Emiliano no existe la capitulación o la deserción: se trata de vulgares traidores, ni más ni menos.

Al principio de 1916, Francisco Pacheco, uno de sus más cercanos, miembro de la Junta Revolucionaria, de los seis primeros, se vuelve carrancista, con todas sus tropas.

Emiliano parece un perro rabioso, un coyote que aúlla a mitad de la noche. La vieja rivalidad entre Huitzilac y Santa María, tantos meses aquietada por las muertes comunes y la ayuda prestada entre ambos pueblos reaparece y lo irrita. Lo molesta que Palafox tome siempre partido. Esta vez por Genovevo de la O, sin siquiera consultarlo. No se trata ahora de un problema entre los viejos, sino del reparto de las tierras, debían ser más cautelosos, les grita a ambos.

Lo que más lo molesta, sin embargo, es la derrota.

Francisco Pacheco había coqueteado desde hacía tiempo con los constitucionalistas, ahora lo veía bien. Desde agosto le estaba mandando esas cartas repitiendo hasta el cansancio su lealtad a la causa, su irritación por haber sido tantas veces expulsado de la capital y haber tenido que regresar corriendo a Cuernavaca por falta de disciplina en las tropas. El enemigo nos supera porque lejos de ordenarnos cometemos toda clase de abusos, le escribía Pacheco una y otra vez. Incluso cuando intentó renunciar en noviembre al cargo de ministro de Guerra de la Convención que el propio Zapata y los otros jefes le confirieron.

Zapata no supo sino pedirle tranquilidad en lo que se arreglaba el conflicto de tierras entre Santa María y Huitzilac que tenía a todos sus jefes paralizados. ¿Desde cuándo Pacheco habría tenido pláticas con el enemigo, estando allí en el norte, tan cerca de la capital, con tanta facilidad sin que él lo supiera?

Eran los riesgos de haber dejado a cada jefe conducir su propia diplomacia autónomamente. Eran los riesgos de creer en la gente y dejarla libre. ¡Cuántas ofertas habrá hecho el enemigo a Pacheco hasta que finalmente lo engulló entre sus fauces de tigre!

En esos meses optó, como siempre, por la calma. Quiso tranquilizar a Pacheco porque los informes llegaron demasiado tarde. A principios de enero supo de las pláticas desde diciembre entre Pacheco y Pablo González.

Cuando Zapata se apersonó para arreglar el conflicto entre Genovevo de la O defendiendo a Santa María, y Francisco Pacheco a Huitzilac, el antiguo ministro de Guerra se había ido. No sólo abandonando Huitzilac, sino dejando Cuernavaca expuesta a un ataque del norte.

Ordenó a sus tropas no disparar al enemigo e incluso le pidió a la gente de Cuentepec a su paso por allí que recibiera calurosamente a los carrancistas. ¡Con música si era posible!

Zapata llevó sus tropas a Tepoztlán, intentando frenar la entrada del enemigo por el norte. Allí recibió una carta extraña de Pacheco con un plan a todas luces imposible con el que se proponía emboscar al enemigo. Zapata creía aún en su viejo jefe, a pesar de las pruebas.

Genovevo de la O mandó buscarlo.

Me lo traen del monte, aunque sea muerto o despellejado, pero me lo encuentran a ese grandísimo cabrón. Uno de los hombres de De la O, Rafael Castillo, sorprendió a Pacheco en Miacatlán.

Cumplió las órdenes y allí mismo se lo quebró.

Ya muerto Pacheco, Genovevo pidió permiso a Emiliano para ejecutarlo si se lo encontraba por allí. Cuando Zapata finalmente supo de la muerte de Pacheco recompensó a los hombres de Genovevo con dinero y comida en prenda a su esfuerzo por la unidad de la revolución.

Las cartas estaban echadas entre los hombres de Zapata. Uno a uno irían cayendo hasta dejarlo casi solo, como se supo desde el principio, desde que una tarde los viejos jefes de Anenecuilco le dieron las escrituras del pueblo y él prometió defenderlas con su propia vida.

○ ○ ○

Sin Pacheco y sus hombres el norte del estado quedaba frágil. Los carrancistas ya ocupaban esa zona y era imposible resistir la inminente invasión. Manuel Palafox dio el consejo: nos toca escondernos de nuevo en las montañas.

En abril las tropas de Pablo González, treinta mil hombres, estaban ya a las afueras de Cuernavaca que cayó el 2 de mayo. El 16 de abril una bala atravesó el cuello del primo de Emiliano, Amador Salazar, el charro verde. Le había roto el cuello y su cabeza pendía como la de un ahorcado antes de caer de bruces al suelo desde la altura de su caballo.

Emiliano lo mandó enterrar, como a tantos, en el mausoleo que había construido en Tlaltizapán para honrar la memoria de los caídos en la lucha. Funerales sencillos donde todo el que hubiera firmado el Plan de Ayala podría al menos aspirar a un pedazo de tierra para sus restos.

A finales de mayo habían caído las ciudades mayores y el zapatismo volvió a su vieja estrategia de guerrilla. Pequeñas emboscadas, ataques sorpresivos para volver a esconderse en las montañas.

La inferioridad numérica y de armas eran de nuevo su mayor flaqueza.

El 14 de junio, recluido en su viejo cuartel general volvió a ser avisado de la llegada de tropas carrancistas. Esta vez eran más y contaron con menos tiempo.

Iba disparando mientras se alejaba cabalgando. Un tiro estuvo a punto de derribarlo. Le rozó el brazo como una estocada de sable. Sangrando, con pocas balas en sus armas, siguió disparando y alejándose de allí a toda prisa.

Había perdido Tlaltizapán y conservado la vida.

En las familiares montañas de cerca de Huautla que lo protegieron tantas veces descargó su furia contra los que lo acompañaban.

Me persiguen sólo por el crimen de querer que los que siempre han estado hambrientos tengan algo que comer.

Tres meses después el coronel carrancista Jesús Guajardo volvió a la carga contra el cuartel general ya sin tropas pero con alguna población civil que había regresado. En ambos ataques murieron más de quinientas personas. Además de varias violaciones, de las que los padres de las hijas atropelladas por el militar elevaron sus quejas a la Secretaría de Guerra, con el gobernador José G. Aguilar. Constantemente, el coronel Guajardo recibía reprimendas por su comportamiento antisocial y sus desmanes.

Zapata, enterado de estas peripecias, lo invita por medio de una carta a unirse al zapatismo, argumentando saber que lo habían injuriado en las muchas acusaciones que contra él se levantaban.

Cuenca, marzo 21 de 1919.

Señor coronel Jesús M. Guajardo. Donde se encuentre.

Muy señor mío:

Ha llegado a mi conocimiento que por causas que ignoro ha tenido usted con Pablo González algunas dificultades, y en las que ha sido usted amonestado sin tener causa justa. Esto y la convicción serena y firme que tengo del próximo triunfo de las armas revolucionarias, me alientan para dirigirle la presente, haciéndole formal y franca invitación para que si en usted hay voluntad suficiente, se una a nuestras tropas entre las cuales será recibido con las consideraciones merecidas. No creo oportuno por ahora, ya que usted estará bien informado, hablarle del gran incremento que la revolución ha alcanzado en todas las regiones del país, y bástele saber a usted que contra lo que tanto se ha dicho, nuestro movimiento está perfectamente unificado y persigue un gran fin, el efectivo mejoramiento de la gran familia mexicana. En espera de sus apreciables letras, quedo de ud. atento y s.s. El general Emiliano Zapata.

Pablo González está dispuesto a todo. A quienes no fusila los manda a Yucatán a trabajos forzados. Muchos abandonan sus pueblos y sus cosas, lo mismo soldados que civiles para irse a refugiar en Guerrero.

Zapata tiene cada vez menos gente y menos armas. Se siente arrinconado como un animal al que asechan todos.

El hambre en otros lados es tan grande que a Morelos, aun en medio del peligro, migran pueblos enteros aunque sea a comer pasto.

En agosto, amparado en un nuevo decreto contra quienes huían del enemigo sin atacarlo, Lorenzo Vázquez es expulsado del zapatismo por Palafox. No es digno de formar parte de las fuerzas revolucionarias debido a su notoria cobardía, escribió.

Vázquez evita combatir a los carrancistas mientras invaden Morelos y huye a Tlaltizapán, en poder de los surianos.

En el mismo decreto promueve a brigadier general a Everardo González por sus exitosos esfuerzos en las cercanías de la ciudad de México.

Un nuevo manifiesto a la nación, publicado el 29 de mayo de 1916, llama a Carranza *vieja cortesana*, representante de los hacendados en contra de los campesinos. Pero eso fue unos meses antes. Ahora es septiembre y Pablo González ha tenido éxito en su campaña de exterminio.

Los jefes leales siguen reagrupándose y obtienen algunas victorias menores. A fines de ese año algo le dice a Zapata que la guerra aún no está perdida. Los informes que recibe en sus nuevos cuarteles móviles le hablan de las enfermedades de las tropas de González, muriéndose de malaria y disentería.

Hay que luchar de vuelta. Le quedan sólo cinco mil hombres y con algunos de ellos intenta ataques furtivos a las poblaciones de la capital del país, para obtener atención de la prensa y desmoralizar a los carrancistas.

Llega incluso hasta San Ángel en uno de los ataques. Regresa a los viejos métodos de Felipe Neri y ataca un tren con soldados y civiles el 8 de noviembre en el que mueren cuatrocientas personas al sur de la capital.

González enfurece, decreta pena de muerte a quien ayude o sea sospechoso de ayudar a los zapatistas. El 22 de noviembre, sin embargo, se da cuenta de que es demasiado tarde y empieza a ordenar la retirada de sus tropas antes de perder el control de Morelos.

Los informes llegan a Zapata y presiona atacando. Pasa a la ofensiva y desde Tlaltizapán ordena ataques simultáneos de Jojutla a Cuernavaca, cerca de Jonacatepec y en varias poblaciones de Puebla.

Ocupan de nuevo su territorio, como si nunca lo hubiesen dejado: Yautepec, Cuautla, Jonacatepec. En enero de 1917 cabalgan nuevamente hacia Cuernavaca.

Emiliano encuentra una destrucción mayor. Nunca había visto la ciudad así, ni en los días posteriores al sitio cuando la caída de Huerta. Escribe una carta para Magaña en la que le cuenta su terrible impresión. Han dejado Cuernavaca irreconocible, las casas no tienen puertas, las iglesias están derruidas, las calles y las plazas convertidas en muladares. Han destruido los santos y les han quitado la ropa, quién sabe para qué. La ciudad ha sido abandonada. Al irse se han llevado a los pacíficos por la fuerza. Esto está tan desierto que cuando tomamos la plaza sólo nos encontramos a tres familias que escaparon a la evacuación escondiéndose.

¿Qué hacer ahora cuando todo ha sido arrasado por un odio secular incomprensible, por la ignominia de quienes teniéndolo todo no pueden permitir que quienes nada poseen vivan un poco mejor? ¿Dónde aprende la gente tanta maldad?, se pregunta el general a punto de la extenuación mientras busca un árbol, una sombra, un poco de fresco para cobijarse del coraje.

Allí, por primera vez, no es la duda lo que lo asalta sino la culpa: ¿acaso no han sido también los suyos como termitas insaciables los causantes de esa destrucción? Allí donde se siembra la muerte, nace la muerte, dice Emiliano Zapata.

Y llora. Chilla. Berrea. Su llanto está hecho de ira, de impotencia. Es la sal de la culpa, la sal de esas lágrimas muy de macho que enjuga con el brazo.

Nadie lo ha visto allí, débil, flaquear tanto. Es mejor guardarse la culpa, dejarla amarrada en el paliacate, confundida con el sudor y con los mocos. ¿Por qué ha de ser muda la ira y sorda la furia? Entonces grita, a voz en cuello, en medio del dolor y de la muerte, cerca de un cuerpo muerto, mutilado. ¿Serán esas piernas y esos brazos de allá propiedad de este cuerpo sin extremidades? Cuernavaca es un reguero de pedazos, una ruina. Grita:

Si una sola buena acción hice en toda mi vida, me arrepiento de ella desde mi alma misma.

* * *

Las imágenes de la destrucción lo habitan por días enteros. El estado ha sido desmantelado, como si lo quisieran erradicar, como si quisieran llevarse sus piedras a otro lado, como si quisieran deshacerse de un infierno terrenal que los molesta.

Morelos se cae a pedazos de nuevo. La anhelada prosperidad del estado que parecía posible en agosto de 1914 ahora se ve más distante que antes de empezar la revolución, hace ocho años. No hay alternativa: reconstruir.

Emiliano llega a Tlaltizapán, donde las cosas están igual o peor que en Cuernavaca. Han querido profanar el cuartel general.

El olor del lugar es insoportable. Los cuerpos de los muertos están allí en las calles, abarrotan la plaza que es un enjambre de moscas, zopilotes y sangre. El espectáculo lo irrita, pero ya nada lo horroriza, ni siquiera esa constatación del odio que es también un recuerdo de lo que quieren: lo buscan a él. Carranza, como antes Huerta y Madero, está convencido de que muerto Zapata la guerra del sur terminará.

Han sacado el cuerpo de Amador Salazar del mausoleo, le arrancaron las monedas de plata del traje, el oro de la chaqueta.

Al ver llegar a Emiliano y a sus tropas los pocos sobrevivientes bajan de las montañas donde se han agazapado por semanas enteras comiendo tlacuaches y armadillos.

Hay que reconstruir las casas, las haciendas, los rublos. Hay que rearmar al zapatismo. Establece el Centro de Consulta para Propaganda Revolucionaria y Unificación y nombra a Antonio Díaz Soto y Gama como su jefe. La comisión tiene quince miembros y su labor es insuflarle vida al movimiento, pero también mediar en conflictos entre jefes o entre jefes y pueblos.

Emiliano establece nuevas juntas a las que llama Asociaciones para la Defensa de los Principios Revolucionarios, en cada pueblo y en las ciudades mayores. Su fin: reactivar la revolución localmente. Las juntas deben hacerse todos los domingos y allí leer los manifiestos, las leyes; se discuten todos los asuntos de educación y de elecciones. También se crean para convencer a los pobladores que la lucha armada se está haciendo en nombre de ellos mismos.

A Emiliano lo asalta una nueva furia, está lleno de energía y contagia a los otros con su fuerza. No hay tiempo que perder, Morelos necesita como nunca de nosotros para volver a nacer.

Son meses de euforia, como si los carrancistas hubiesen desaparecido para siempre. Es hora de demostrar con hechos, escribe en un decreto de marzo, que la época de los abusos ha terminado.

En cada pueblo se elije también a un representante de asuntos de la tierra y el agua. Está dispuesto a zanjar cualquier disputa que se haya abierto de nuevo desde el primer reparto. Se trata de nombrar *calpulelques* en cada pueblo, o encontrar a los ya nombrados.

Ya sólo serían ellos quienes tendrían la voz de los otros. En julio se promulga una nueva ley agraria para lograr que el equilibrio en el reparto sea suscrito por el pueblo antes que por un individuo.

Se abren escuelas en la mayoría de los lugares. No debe ser la revolución responsable de una generación de niños que no han aprendido en las clases. Ejecuta a cualquiera que comete actos de pillaje, en la plaza pública para que todos los pueblos sepan que se les hace justicia.

* * *

En Buenavista de Cuéllar, en Guerrero, los *pacíficos* se rebelan contra los zapatistas, en apariencia hartos de estar en manos unas veces de éstos y otras de los carrancistas. Toman control de la guardia por unas horas, antes de que Zapata mande refuerzos. En la refriega es muerto Lorenzo Vázquez.

Se encuentran entre sus ropas documentos que lo implican en la rebelión. Los *pacíficos* no lo eran tanto y buscaban entregar ese y otros pueblos a los hombres de Carranza. Dan parte a Emiliano. En esos documentos, le dicen, hay evidencia de que Otilio Montaño también está involucrado. A pesar de no creer una palabra de ello, Zapata nombra una comisión dictaminadora del levantamiento de Buenavista.

Las noticias son oscuras pero ciertamente involucran a Montaño. Zapata ha cambiado en estos años, no cree en nadie ni en nada. Se cuida hasta de su sombra. Ordena a Palafox que aprehenda a Montaño y huye, como tantas otras veces, de Tlaltizapán antes del juicio de su compadre, con quien escribió encerrado en Ayoxuxtla las páginas que dieron sentido a su lucha.

Nadie lo acompaña esta vez. Ni siquiera lo ven irse. Simplemente desaparece, como un fantasma. Ha dejado instrucciones precisas: *Con relación a cualquier crimen otro que traición, esta autoridad concederá el perdón, pero por el mencionado crimen de traición hoy como siempre estoy dispuesto a negar tal favor.*

Ni siquiera ve a Montaño cuando lo traen amarrado con una reata. Una casi instantánea corte marcial se forma entre Díaz Soto y Gama, Ángel Barrios, Manuel Palafox y otros. El viernes 18 de mayo, en la plaza pública, es situado Otilio Montaño frente al pelotón de fusilamiento.

Antes de la carga final, resistiéndose a morir de espaldas como los traidores, abre los brazos y grita:

En nombre de Dios muero inocente.

Luego se cuelga su cuerpo a un árbol, a la salida del pueblo, al lado de Lorenzo Vázquez con un letrero: *Éste es el destino de quienes traicionan a su patria, la tumba que reciben en el estado de Morelos.*

A Zapata le esconden el testamento que su compadre ha escrito antes de morir, donde se declara inocente de todos los cargos y acusa a Palafox y a Soto y Gama de su asesinato. *Voy a morir, no cabe duda,* escribe con su usual reciedumbre, sin titubear siquiera, *pero ahí donde se hace la justicia, ahí los espero tarde o temprano.*

Emiliano cabalga todo ese día y tres más, hasta Quilamula. Como siempre, llega de noche. No toca a su *China.* Gregoria duerme allí, ajena a todo.

Arrima con cuidado una silla para verla mejor. Ni siquiera se ha quitado el sombrero. Apenas si amarró al caballo y orinó por allí antes

173

de entrar. Hace frío. El cabello de Gregoria le cubre la mitad del rostro, pero él puede ver su nariz y los labios, el párpado izquierdo cerrado. El pecho de Gregoria que se alza y vuelve a la calma, como si estuviera teniendo una pesadilla, como si respirara sobresaltada. La mujer allí, dormida, tan cerca y tan lejos. Distante como una montaña, silenciosa. Sola con su misterio de mujer dormida.

Ya sólo creo en tus ojos, *Chinita*, y están cerrados.

Sale de allí sin despertarla, ni a ella ni a la niña que duerme en un petate al lado.

Luego se va al monte, se dedica a acorralar a un venado, le dispara. Como si no tuviese nada que hacer se entretiene en quitarle la piel, en sacarle las vísceras y en abrirlo en canal. Hace tanto tiempo que no caza, que no está solo, nomás con su silencio. La leña arde bien, las brasas y sus rescoldos como recuerdos del odio de Dios. Coloca al animal ensartado en un palo. Le da vueltas hasta que está cocido, casi quemado por el fuego y sus cenizas hechas de tiempo.

Come sin sentido, hasta hartarse mientras se empina una botella de aguardiente. Y sólo así, harto de venado y borracho hasta las chanclas puede al fin quedarse dormido.

* * *

Eufemio seguía en su implacable campaña contra el consumo de alcohol. Era el terror de sus paisanos. Había que reformarlos, decía, quitarles esta terrible afición por la caña que nomás los idiotiza.

Cuando el general Eufemio se acercaba a Yautepec cerraban todas las cantinas. Si aun así se encontraba un borrachito, lo fustigaba con la vara de membrillo con la que siempre andaba hasta dejarlo sobrio de tanto golpe.

Al mes del fusilamiento de Montaño, Emiliano recibió la noticia de que habían matado a su hermano. Había sido el *Loco* Sidronio, dizque para vengar la muerte de su padre.

Y es que en la mañana de ese mismo día Eufemio había estado persiguiendo borrachos en Cuautla, porque en Yautepec ya ni quien abriera una botella de aguardiente. En una cantina encontró a un viejo tirado en el suelo, casi inconsciente.

¿No le da vergüenza, a su edad, seguir bebiendo hasta caerse?

El anciano no contestó nada, quizá ni siquiera pudo mirarlo.

¡Eso le quitará el vicio!

Y se puso a golpearlo hasta que de plano se lo quebró. Luego se fue caminando tras otros borrachos, pero alguien le avisó al hijo del viejo, el *Loco* Sidronio, quien lo anduvo buscando todo el día hasta que lo encontró.

Sin esperar a que se defendiera descargó su carabina sobre Eufemio y lo amarró medio muerto al caballo arrastrándolo hasta el Guatecal, donde lo abandonó encima de un hormiguero.

Aquí aprenderás a respetar las canas de los viejos, le dijo. Para ese entonces ya se había desangrado. Ya ni siquiera sintió la picadura de las hormigas. Con el cuerpo medio desecho vinieron a encontrarlo los de su Estado Mayor quienes no habían podido hallar al jefe zapatista Sidronio Camacho, pues se había refugiado esa misma tarde en un campamento carrancista.

A todos nos toca, de esa ley nadie se salva, dicen que dijo Emiliano cuando le contaron la historia.

❋ ❋ ❋

En agosto en Tlaltizapán, Emiliano recibe la cabeza de Domingo Arenas, el traidor de traidores.

Lo había matado el propio *Gordito* Magaña. Los de Arenas habían preparado una emboscada en Puebla para el ejército del sur. Estaban frente a frente. La pistola de Arenas hizo fuego pero Magaña esquivó el disparo y se defendió instintivamente pegándose a su adversario y sujetándolo por las ropas. Luego hundió un cuchillo de monte que llevaba, en el vientre de Arenas. Intentó huir, más de diez disparos lo pararon en seco. Las tropas del tlaxcalteca emprendieron la retirada. Fortino Ayaquica recogió el cadáver del que hasta hace poco se llamó Domingo Arenas y cercenó su cabeza.

Tendrá sangre, dicen: la sangre engendra sangre.

Ahora los ojos muertos y como de vidrio del indio tlaxcalteca miran a Emiliano Zapata. Son los ojos del traidor frente al héroe.

Emiliano Zapata había promulgado un decreto que escribió Soto y Gama contra los traidores. Eran sus nuevos enemigos. Allí los demás se preguntan quién iría a ser el próximo.

Ya siempre está enojado, colérico. Los suyos le temen. Se dice en el campamento que Zapata todo lo ve, que al jefe no se le engaña, que el jefe adivina todo lo que trae uno dentro.

Una epidemia de tifo azota Morelos. Se viene a sumar a la difteria y a la disentería.

Jesús Guajardo, a las órdenes de Pablo González, reemprende su campaña de terror en Morelos. Los zapatistas ahí están para el que se atreva, los llaman *liebres blancas*, porque salen de los montes y luego desaparecen en ráfagas después de disparar contra el enemigo.

Durante 1918 a pesar de las incursiones de los carrancistas en Morelos, ellos permanecen en Tlaltizapán, aunque aislados. Emiliano reemprende la diplomacia, quiere pactar ahora, se siente cansado, sabe que las fuerzas se acaban. Busca aliados en donde los haya. Y a veces los encuentra a pesar de que la nueva constitución y las elecciones han legitimado a su enemigo Venustiano Carranza quien compitió sin contrincante, claro está. Escribe cartas como al principio de la revolución, lo mismo a Andrés Pérez que a Inés Salazar, a Benjamín Hill que a Eutimio Figueroa, a los jefes yaquis, moris y matus, e incluso a Obregón que ha dejado a Carranza.

Autoriza a Gildardo Magaña acercarse al propio jefe máximo en febrero, buscando un cese al fuego definitivo. Los pueblos ya no aguantan más crueldad. Después del alto al fuego empezarían las negociaciones, esta vez definitivas, argumentaron.

Carranza nunca contestó.

Al campamento de Tochimilco llega William Gates. Busca hablar con Zapata, promete ayudarlo en Washington. Emiliano ha pasado un mes en diversos combates en la frontera con Guerrero pero accede a regresar a Tlaltizapán para conferenciar con el gringo. Magaña le ha dicho que es profesor en alguna universidad y una persona de considerable cultura que quiere escribir en su país sobre la cuestión agraria.

Gates le informa que una vez que la guerra en Europa termine, su gobierno volverá a poner atención en México. Promete ayudarlo en Estados Unidos, será su embajador oficioso, le dice.

Habría que acabar de una buena vez con todas las barreras que impiden a la revolución unirse finalmente. El 15 de mayo publican los zapatistas nuevos manifiestos donde reconocen la necesidad de poner fin a la guerra. El primero está dirigido a los revolucionarios de la república, el segundo habla a los obreros y les dice que su lucha es similar a la de los campesinos. *Y que las manos callosas del campo y las manos callosas de las fábricas se unan en un saludo fraternal de concordia.*

En agosto, durante una semana, le escribe a Felipe Ángeles, quien está en el exilio, dos cartas para Obregón, en las que le urge a liberar el país de Carranza uniendo a los trabajadores de la ciudad con los campesinos.

Sin embargo en diciembre de 1918, las tropas de González atacan Morelos otra vez. La nueva epidemia de influenza española diezma a los zapatistas.

El que termina desertando es Manuel Palafox, a quien Zapata le había perdido la confianza después de tantos años en que todos los cercanos le hablaron mal de él. Le queda el *Gordito* Magaña, su último confidente. Palafox huyó, como esos tejones de los que Zapata siempre hablaba, traicionándolos a todos desde adentro. Había muchos allí dispuestos a lincharlo y él lo supo. Entendió que sus enemigos tenían ahora la confianza de su jefe y que más le valía salir de allí antes de terminar colgado, antes de padecer la misma suerte que él con tanta saña había aplicado en los demás. Cuando Emiliano, quien descubrió sus planes de rendirse, lo perdonó y lo envió a una misión diplomática en Tochimilco, con su amigo Enrique Bonilla, aprovechó para volar como paloma.

* * *

¿Y qué significa una palabra, traición, cuando ya no se tiene nada, ni siquiera amigos o compadres para echarse un trago y lanzarse a pelear?, se pregunta Emiliano.

No hay respuesta, tal vez nunca la hubo.

Pero es que a Manuel Palafox nadie lo escucha, sólo él. Piensa, o rumia, o grita muy adentro en sus entrañas, mientras escapa del campamento. No ha dejado de creer en la revolución, única arma. Es sólo que Emiliano ya no es el que era. Tantos años como su sombra, oliéndole el pensamiento, escuchando sus exabruptos, sintiendo en la piel sus corajes y sus amarguras y hasta sus risas como propias. Él mismo un pequeño Emiliano, chiquito, patizambo, feo. Un espantajo vestido de charro al que una tarde cualquiera Emiliano salvó de su muerte. No porque no quisiera fusilarlo. Mediocre contable de una hacienda sin nombre. No por eso, sino porque esa misma tarde Emiliano le sopló su aliento en la cara, lo miró a los ojos como ni siquiera su padre, y lo hizo suyo como un viejo papel moneda, o un escapulario, o un pañuelo. Manuel Palafox se pregunta, en medio de esa noche sin luna que lo lleva a Tochimilco, si acaso él fue alguien y no algo, para su general.

Que haya a mi alrededor hombres gordos, chaparros, de cabeza lustrosa y de los que duermen por la noche, decía Emiliano. A Zapata le preocupaban los hombres que pensaban demasiado. Hombres así son peligrosos, decía. Ahora Palafox lo sabe, Emiliano Zapata nunca lo escuchó pensar. Y por eso no le tuvo miedo. Una cucaracha, aprieta la bota contra el suelo, truena el animal, muere.

Así igual para él: un crujido, Palafox no está más.

X

Con el sentir de mi patria
voy a escribir un renglón;
aunque mi pluma es inepta
carece de ilustración.

Ahora hablaré de Zapata,
que en Chinameca murió;
muerto por Jesús Guajardo
bajo una infame traición.

Diez años de guerra agotan. La tropa exhausta, las monturas famélicas, esqueletos inmóviles esperando su propia muerte; el parque escaso, los refuerzos imposibles. El paréntesis de la paz y el reparto agrario visto desde 1919 es un espejismo, un oasis inexistente en medio del árido desierto de la batalla.

Por todos lados se repiten las malas noticias como aves de mal agüero. Pero lo que Emiliano no puede perdonar es la traición, la flaqueza humana de tantos que lo mismo han desertado que han tenido que ser pasados por las armas. Los amigos, los compadres, algunas de sus mujeres, los tantos hijos. ¿Qué significan ahora, en medio de la casi inevitable derrota?

Ha subido al monte, como siempre que se encuentra desesperado. Ha hecho una fogata. Desde el fusilamiento de su compadre Otilio y la muerte de Eufemio ya no confía en nadie, anda malquistado con todos. Ha perdido la fe en los consejos de los otros y hasta los hombres de su escolta le temen cuando los llama.

Al *Gordito* Magaña le dice que muy tarde se dio cuenta de la clase de malhora que es Palafox. Muchos recién llegados se nos han pegado. Desde el inicio gente como Palafox se unió a la bola. ¿Cómo distinguirlos? Al principio, como con casi todos los nuevos, recibió de mí sólo sospecha e indigencia. ¡Qué capacidad de intriga, de meterse entre las piernas como una vieja! Pronto me di cuenta de que buscaba desplazar a Montaño de mi lado, cosa que no ocurrió por la valía del guerrero, no por falta de esfuerzo de Palafox. Así que decidí no darle ninguna tarea que sobrepasara su capacidad y conocimiento.

Magaña no lo interrumpe, ni lo contradice. Él también sufrió las intrigas de Palafox, pero recuerda las cosas de forma muy distinta a como el jefe las dice allí, en medio de la noche abierta, frente a esa fogata.

Para cuando llegaron los primeros comisionados de paz, Luis Cabrera, el general Villarreal y Juan Sarabia, cometí el primer error de nombrar a Palafox. No sé por qué. Me gustaba su manera agresiva e intransigente. Pero ha de haber causado una terrible impresión en quienes pudieron ser nuestros aliados. Desde entonces Palafox no dejó ni un minuto de intrigar contra sus propios correligionarios. Lo mismo cuestionaba sus labores ideológicas que las militares. Sé que es muy tarde, *Gordito*, pero ojalá que removido el mal encontremos el remedio.

Más vale tarde que nunca, atina a rematar Magaña.

A Emiliano Zapata le queda tan bien la soledad. Esa noche vuelve a soñar. Esta vez no se encuentra en la iglesia, sino en su casa, frente a su madre. La llama de una vela apenas alumbra los muros de adobe. Emiliano acostado en su petate. Su madre grita: llaman, llaman, llaman. Abre la puerta, mijo, ¿Quién está allí llamando? ¿Quién es, en nombre del otro diablo?

Emiliano no hace ruido, escucha a su madre y se traga las lágrimas.

Llaman, llaman, llaman. Nunca hay paz. Abre la puerta, Miliano, ¿qué no escuchas? Hace mucho frío como para que estemos en el infierno, déjalos pasar, Miliano, que entren. Yo ya me voy.

El niño abre la puerta. Allí no hay más que el viento que apaga la vela. La oscuridad.

Su madre ha desaparecido.

❋ ❋ ❋

De todo ello son testigos los días claros y los huesos húmedos. Son testigos la soledad, la lluvia, los caminos. Necesita de nuevo las palabras. Es buena época para volver a los pronunciamientos.

El 10 de febrero, en un nuevo manifiesto, elige a Francisco Vázquez Gómez su representante en Washington como única cabeza de la revolución unificada, para lograr un final feliz y consumar el sueño anhelado.

Por su conocimiento de la política exterior era el hombre más adecuado, pensaba Emiliano, para representar a la patria cuando, terminada la guerra en Europa, las potencias buscasen hambrientas una nueva presa en México.

Desesperados, Magaña y Zapata elegían nuevamente mal.

Escribe luego una carta abierta a Carranza, allí se vacía. Es como si deseara que en un solo documento cupiera entero su dolor y completa su rabia. Dicta a su *Gordito* desde el pozo mismo de la rabia y de la ira, de la traición y de la impotencia. Desde el fondo del alma humana:

Cuartel General del Ejército Libertador en el estado de Morelos
Marzo 17, 1919.
Al C. Venustiano Carranza.
México, D.F.
Como ciudadano que soy, como hombre poseedor del derecho de pensar y hablar alto, como campesino conocedor de las necesidades del pueblo humilde al que pertenezco, como revolucionario y caudillo de grandes multitudes, que en tal virtud y por eso mismo he tenido oportunidad de reconocer las reconditeces del alma nacional y he aprendido a escudriñar en sus intimidades y conozco de sus amarguras y de sus esperanzas; con el derecho que me da mi rebeldía de nueve años siempre encabezando huestes formadas por indígenas y campesinos; voy a dirigirme a usted, C. Carranza, por primera vez y última.

Se detiene. Es Magaña quien escribe. Quiere enmendar alguna cosa, corregir alguna palabra pero Emiliano lo detiene. No se trata ahora de cuidar la pluma, se trata de hablar con el corazón.

No hablo al Presidente de la república, a quien no conozco, ni al político, del que desconfío: hablo al mexicano, al hombre de sentimiento y de razón, a quien creo imposible no conmuevan alguna vez (aunque sea un instante) las angustias de las madres, los sufrimientos de los huérfanos, las inquietudes y congojas de la nación.

Se vuelve a detener. No, mejor pon patria, quita nación.

Desde que en el cerebro de usted germinó la idea de hacer revolución, primero contra Madero y después contra Huerta, cuando vio que aquél caía más pronto de lo que había pensado; desde que concibió usted el proyecto de erigirse en jefe y director de un movimiento que con toda malicia llamó constitucionalista, desde entonces pensó usted primero en encumbrarse y, para ello, se propuso usted convertir la revolución en provecho propio y de un pequeño grupo de allegados, de amigos o de incondicionales que lo ayudasen a usted a subir y luego lo ayudasen a disfrutar el botín alcanzado: es decir, riquezas, honores, negocios, banquetes, fiestas suntuosas, bacanales de placer, orgías de hartamiento, de ambición de poder y de sangre. Nunca pasó por la mente de usted que la revolución fuera benéfica a las grandes masas, a esa inmensa legión de oprimidos que usted y los suyos soliviantan con sus prédicas. ¡Magnífico pretexto y brillante recurso para oprimir y para engañar!

Nunca, en tantos años de correspondencia y propaganda, ha estado tan molesto mientras dicta. Fuma su puro. Bebe un poco. Continúa reclamándole la ausencia de ideales y de reformas que sin embargo ha pregonado para poder triunfar. Al amparo de eso que han llamado pomposamente *dictadura revolucionaria*, como si tal cosa pudiese existir. Le llama déspota, le recrimina los sofismas sobre los que funda su autoridad y su omnipotencia. Entonces desmenuza, pasa revista, declara solemne:

En el terreno económico y hacendario la gestión no puede haber sido más funesta. Bancos saqueados; imposiciones de papel moneda, una, dos o tres veces, para luego desconocer, con mengua a la república, los billetes emitidos: el comercio desorganizado por esas fluctuaciones monetarias.

Deja que aquí Magaña continúe. Va diciendo lo que escribe para que Emiliano lo escuche. Luego el *Gordito* le dice que debe criticar el asunto agrario y Zapata vuelve a la carga:

Las haciendas cedidas o arrendadas a los generales favoritos; los antiguos latifundios de la alta burguesía reemplazados en no pocos casos por modernos terratenientes que gastan charreteras, kepí y pistola al cinto; los pueblos burlados en sus esperanzas. Ni los ejidos se devuelven a los pueblos, que en su inmensa mayoría continúan despojados; ni las tierras se reparten entre la gente de trabajo, entre los campesinos pobres y verdaderamente necesitados.

Es Soto y Gama quien tercia en el texto. Ahora él le dicta a Magaña con la aprobación de Zapata:

En materia obrera es, con intrigas, con sobornos, con maniobras disolventes y apelando a la corrupción de los líderes que se han logrado la desorganización y la muerte efectiva de los sindicatos, única defensa, principal baluarte del proletariado en las luchas que tiene que emprender para su mejoramiento. La mayor parte de los sindicatos sólo existen de nombre; los asociados han perdido la fe en sus antiguos directores, y los más conscientes, los que valen, se han dispersado llenos de desaliento.

Soto y Gama habla por sí mismo, pero los otros asienten. Así siguen redactando la larga misiva, al alimón. Se burlan de la falta de sufragio verdadero, de las imposiciones de los gobernadores, de los diputados y senadores como *creaturas* del ejecutivo. Lo acusan de haber superado a su maestro, Porfirio Díaz. Entonces Zapata dice que han de denunciar allí mismo al ejército, a sus atropellos, a la soldadesca constitucionalista, azote de los pueblos y las campiñas:

Esa soldadesca en los campos roba semillas, ganados y animales de labranza; en los poblados pequeños incendia o saquea los hogares de los humildes, y en las grandes poblaciones especula en grande escala con los cereales y semovientes robados, comete asesinatos a la luz del día, asalta automóviles y efectúa plagios en la vía pública, a la hora de mayor circulación, en las principales avenidas, y lleva su audacia hasta constituir temibles bandas de malhechores que allanan las ricas moradas.

Hay que incluir a los ricos, dice Magaña, y al agregar esto último denuncia la célebre Banda del Automóvil Gris, y su impunidad. Hay que ganarse la simpatía de la burguesía de la capital cuando aparezca el manifiesto. Por ello dedican otra parte a la política exterior de Carranza, lo acusan de germanizante, de permitir la propaganda contra las potencias aliadas.

Usted, con sus desaciertos y tortuosidades, con sus pasos en falso y sus deslealtades en la diplomacia, es la causa de que México se vea privado de todo apoyo por parte de las potencias triunfadoras, y si alguna complicación internacional sobreviene usted será el único culpable.

Desde hace meses la política exterior es la única preocupación manifiesta de Zapata. Les dice que agreguen algo contundente. Que hablen de la ruina de México, de la imposibilidad de la paz, de la desunión revolucionaria. De los ideales maltrechos, destrozados, escarnecidos y vilipendiados, los ideales de la revolución que muchos jóvenes aún profesan y por lo que se han alejado de la política.

Devuelva usted su libertad al pueblo, C. Carranza; abdique usted sus poderes dictatoriales, deje usted correr la savia juvenil de las generaciones nuevas. Ella purificará, ella salvará a la patria.

Nada tienen ya excepto las palabras que no pueden darles victoria alguna. Son las palabras de siempre, las de los derrotados, las de los marginados.

En la parte final de esa carta abierta elogian nuevamente a Francisco Vázquez Gómez, en quien depositan la primera magistratura del país. Lo elogian por haber encontrado una fórmula de unificación y de gobierno dentro de la que caben todas las energías sanas, todos los impulsos legítimos, los esfuerzos de los intelectuales de buena fe y el de los hombres de trabajo. Luego lo llaman nuevamente a retirarse por ser tan nocivo, perjudicial y funesto para la patria.

● ● ●

Las enfermedades y la crudeza de la guerra le habían dejado dos mil hombres. En cada escaramuza sólo les podía proporcionar cuatro cartuchos por cabeza.

Hay hambre y cuando el estómago lleva días sin probar bocado se empieza a pensar mal. Genovevo de la O y sus hombres se habían refugiado en las montañas a principios de marzo cuando un nuevo y furioso ataque de Pablo González sorprendió su zona.

Las tropas y los civiles pidieron permiso para reconcentrarse en Cuernavaca a las órdenes de González. Morían de hambre, con todo y los suyos. Hasta los espíritus más acostumbrados a la batalla han demostrado estar bajos de moral, escribe De la O al cuartel general, más desesperado que sus propios hombres.

Pronto, aprovechando que ya es época de secas, González contraataca con once mil hombres. Poca resistencia, como en el caso de Cuernavaca. Van rindiéndose las plazas: Cuautla, Jonacatepec, Yautepec, Jojutla, Tetecala y el mismo cuartel de Tlaltizapán, de nuevo.

Coloca cuarteles en cada una de las plazas y cambia a las autoridades. Mientras la mayoría sigue escondida, González hace traer campesinos y trabajadores de otros estados con el pasaje pagado.

El jefe militar de Puebla, Cesáreo Castro, ofrece amnistía a Magaña y a todos los líderes moderados del zapatismo, menos a Emiliano, el renovado Atila. Ya nadie capitula. Todos se mantienen como una sola fuerza.

En febrero de 1919 González emprende la cacería. Va por Emiliano Zapata, cueste lo que cueste. Se lo ha dicho a todos. No puede cometer errores esta vez: se acercan las elecciones del próximo año y él mismo se considera un caballo negro en la disputa.

Por eso le urge echar a andar la maquinaria económica del estado, necesita trabajadores traídos de otras partes para empezar a sembrar antes de la próxima temporada de lluvias, en mayo.

Pese a sus intentos no puede capturar a un solo jefe zapatista. Algunos incluso se pasean por los pueblos, seguros de la protección de los suyos.

Venustiano Carranza anuncia que no hay amnistía posible para Emiliano Zapata y le pide a González que acabe de una buena vez con él, por cualquier medio, justo o no. Está harto, no puede verlo. Se ha burlado de él todos estos años, lo ha ridiculizado en la prensa y con los extranjeros. Y ahora esa carta enorme llena de insultos. Se trata de cortarle la cabeza.

No lo quiero vivo ni un día más, González, espero que me entienda.

Los espías de Carranza lo han alertado contra una inminente alianza del jefe suriano con Peláez, lo que lo uniría a la revuelta *felicista*. Washington presiona a Carranza luego de la publicidad de William Gates sobre su gobierno ilegítimo y las luchas agrarias del sur, pisoteadas por todos. Para los lectores estadounidenses de Gates, Emiliano era un héroe de la resistencia.

La eliminación de Zapata, le escribe Carranza a González, es el único boleto que puede comprar usted para competir en las próximas elecciones.

La última cacería ha comenzado.

❊ ❊ ❊

A pesar de su proverbial desconfianza, en esas fechas de desamparo, Emiliano puede creerlo todo. Sólo hace falta un dato, algo que compruebe la buena fe de un nuevo aliado para que él acepte de buen grado sus intenciones.

Pablo González había ordenado al coronel Jesús Guajardo que persiguiera a Zapata. De noche y de día, en el pueblo o en la montaña, hasta dar con él. Ahora le llega la noticia de que Guajardo está en Cuautla, bebiendo en una cantina. González enfurece y va a buscarlo él mismo con su escolta. A rastras lo lleva a la cárcel. Lo amenaza. Mañana mismo serás condenado en corte marcial.

Emiliano se entera por sus informantes y le manda a Guajardo una nota a su celda. Lo invita a unirse al zapatismo. Es 21 de marzo. *A usted y a todo el 50º regimiento lo esperamos en nuestras filas. Entre nuestras tropas será recibido con las consideraciones merecidas*, dice el papel. Pero la pequeña esquela no llega a manos de Guajardo, la intercepta a tiempo González. Luego lo deja libre y lo manda al cuartel de Cuautla.

Al día siguiente le informan a Guajardo que el general González tiene instrucciones para él en el comedor de oficiales. Lo deja esperando afuera durante toda la comida. Luego le permite entrar mientras toma café. González ordena a los demás oficiales que se aparten, pues desea conversar con el traidor.

Eres un triste borracho, eso ya lo sabemos todos. Pero además un traidor.

Entonces le enseña la carta de Emiliano Zapata.

La ondea frente a los ojos del coronel Guajardo.

La última prueba que necesitaba sobre su traición, coronel. Ahora sí no se salva.

Guajardo intenta defenderse pero es golpeado por los hombres de González.

Jesús Guajardo llora, alega inocencia, se arrodilla frente a su general mientras a una distancia prudente los oficiales miran la escena.

Como yo veo las cosas ya sólo tiene dos opciones, coronel, ayudarnos en un plan para emboscar a Zapata o ser fusilado por traición.

Pero yo no he traicionado a nadie, general.

Lo espero en mi oficina dentro de una hora. Y de esto ni una palabra a nadie. ¿Me entendió coronel o se lo explico a balazos?

González le da una hora para pensar. Jesús Guajardo acepta el plan de González que Carranza ya ha aprobado.

Por eso es que Carranza le dio a Pablo González
el mando de las fuerzas del Sur, sin vacilar,
[...]
Hombre de mucho ingenio, él [Pablo González] y Jesús Guajardo
para esgrimir el arma de las más vil traición,
pues de pronto se hicieron unos improvisados rivales,
al extremo que dispuso don Pablo
de que al fin se arrestara a Guajardo en la prisión.

Luego salió de Cuautla la cándida noticia
que Guajardo y don Pablo se odiaban con furor;

entonces Emiliano sin pérdida lo invita
creyendo que el pirata constitucionalista,
como al fin resentido, obraría a su favor.

Los espías le informan a Zapata que Guajardo se halla de nuevo en servicio pero profundamente resentido con su general. Ayudado por el regimiento de Guajardo Zapata podría volver a ocupar las grandes ciudades y pueblos de Morelos, como ya lo había hecho en 1911. Magaña y Soto y Gama le piden cautela. Estamos a la mitad de las negociaciones diplomáticas.

No voy a tratar con Guajardo desde un escondite, aunque me lo supliquen. A la distancia. Si ustedes quieren quedarse aquí en el cuartel esperando a que los fusilen, allá ustedes. Yo me regreso a la lucha. Es ahora o nunca.

Guajardo le escribe una nota a Zapata. Le informa que está preparado para unirse al zapatismo y llevar su caballería, si le ofrecen garantías.

Guajardo le contesta que dispuesto se hallaba
a secundarlo siempre, si el perdón le ofrecía;
Zapata en su respuesta tan fiel entusiasmado
dijo: con esta fecha queda garantizada,
su vida y, al presente, su misma jerarquía.

La correspondencia se intensifica. Emiliano le pide, como signo de confianza, que fusile a Victoriano Bárcenas y a los cincuenta desertores zapatistas que han buscado la protección de Carranza.

Después de esto, le ordeno que sin pretexto alguno
me aprehenda a Vitorino por ser un vil traidor,
y me lo mande luego pero muy bien seguro
que soportar no puedo a ese falaz perjuro
que ha pisoteado, indigno, su palabra de honor.

Le vuelve a escribir el primero de abril. Le manifiesta su agradable sorpresa por la buena disposición del coronel, sus convicciones y sus ideas firmes. Al *Gordito* le dice que hay algo de la valentía de Guajardo que le agrada. Le pide que se amotine el 4 de abril.

La respuesta de Guajardo es inmediata, promete acciones que no desmerecerán el aprecio del general Zapata y su reputación. Sin embargo le informa que entre el 6 y el 10 de abril habrían de llegar a Cuautla nuevos pertrechos, más de veinte mil cartuchos que requiere antes de rebelarse. Necesita un poco más de tiempo.

Nuevamente Emiliano responde. Le sugiere que no espere tanto y envía a Feliciano Palacios, su ayudante, al campamento de Guajardo en Chinameca. Al regreso de Palacios los informes son halagüeños: Guajardo está muy animado y decidido. No hay nada sospechoso. Tiene quinientos hombres y municiones suficientes para tomar Jonacatepec, como desea usted, mi general.

> *Luego viendo el efecto que produjo en Zapata,*
> *esa ocasión funesta, le dijo con placer:*
> *Con el mayor respeto, le pido a usted, por gracia,*
> *que me otorgue el derecho de tomar una plaza,*
> *y esa plaza, en cuenta, es Jonacatepec.*

Una nueva carta lo alegra más. Han llegado las municiones, todo está listo. Incluso promete otras deserciones de federales a favor de la causa.

> *Zapata contéstale: Le otorgo a usté esa gracia*
> *y puede usté tomarla con mucha precaución,*
> *pero aquel hombre noble no vio que era una farsa,*
> *de cómicos histriones pagados por Carranza*
> *para que el Plan de Ayala muriera en su extensión.*

Emiliano da órdenes de atacar Jojutla, Tlaltizapán y Jonacatepec. Pero antes, para distraer la atención de Morelos, como ha hecho en otras ocasiones, ataca Cholula, en Puebla.

189

La noche del 7, después de varios preparativos en Cuautla, el coronel Jesús Guajardo se declara en rebeldía contra el gobierno de Carranza. Un cautivo de Cuautla, zapatista que goza de libertad bajo fianza, envía una recomendación a favor de Guajardo, quien avanza directamente con sus hombres contra Jonacatepec, como le ha ordenado su nuevo general.

El 9 de abril tiene lugar un falso motín. Los otros oficiales federales entregan la plaza y es ocupada a nombre del Ejército Libertador. Jonacatepec es nuevamente de Zapata. Guajardo arresta a Bárcenas y a los cincuenta traidores y sin dilación los hace matar esa misma tarde.

Emiliano Zapata con su escolta llega a la estación del ferrocarril interoceánico Pastor, al sur de Jonacatepec. Allí espera a Guajardo.

Los espías le han informado que se tiende una celada, que mejor se retire. Emiliano no hace caso, al contrario, al oír las buenas noticias de Jonacatepec le ordena a Guajardo que se acerque.

Hay hombres, como Juárez, que fueron mejores en la muerte que en vida. Ni modo que a estas alturas le tenga miedo a morir, Palacios. ¿No es usted hombre, como yo?

A las cuatro y media de la tarde ambos se encuentran en Pastor. Emiliano Zapata con su escolta de cincuenta hombres, Jesús Guajardo con una columna de seiscientos soldados y una ametralladora.

Desmontan. Emiliano Zapata le da un abrazo y lo felicita. Luego acepta el regalo de Guajardo: un hermoso alazán, *As de Oros*, en prenda de amistad y de compromiso en la lucha.

Es un caballo de clase, afirma Emiliano mientras acaricia al animal.

Así avanzan varios kilómetros hasta Tepalcingo, con treinta hombres de cada lado. Durante la caminata invita varias veces a Guajardo a cenar, le pide que lo acompañe hasta el cuartel general para que conozca a otros de los jefes de Morelos.

Emiliano no olvida la toma de Tlaltizapán por Guajardo. Algo en él le causa desconfianza, pero a nadie manifiesta su recelo. Guajardo pretexta encontrarse mal del estómago.

Además le pido respetuosamente que me permita pernoctar en Chinameca. Temo que González capture nuestros depósitos de municiones. Deseo entregar a usted personalmente y al Ejército del Sur los doce mil cartuchos.

> *En medio de alborozo y vítores del pueblo*
> *entró el jefe y Guajardo con gran satisfacción;*
> *después de un fiel reposo Guajardo fue el primero*
> *que marchó presuroso, cual Napoleón Tercero,*
> *a San Juan Chinameca, fraguando su traición.*

Los hombres se despiden. Emiliano al final está de acuerdo. Mañana temprano se verán en Chinameca para discutir los planes futuros.

Emiliano Zapata establece su último campamento en las montañas. Ha pedido que refuercen su escolta. Ahora lo acompañan ciento cincuenta hombres, demasiados para que Guajardo pueda capturarlo por la noche.

Hacen fogatas para guarecerse del frío. Son hombres silenciosos, para quienes ya todo ha sido dicho. Mastican una carne seca que sacan de sus alforjas. Beben aguardiente, una botella para todos que se pasan limpiando con la manga de sus camisas blancas.

Son amigos, pero la suya es otra clase de amistad. Es una especie de hermandad hecha del mismo dolor y del mismo abandono. Son como extraños que se ven una sola vez en la vida y allí se cuentan los pormenores de su existencia sólo para enterarse que es idéntica a la propia. Un abrazo sella el pacto.

Están cansados. Emiliano ordena a cinco hombres hacer guardia. Algo se le revuelve entre las tripas, la comezón de la desconfianza.

No puede dormir. Escucha los ronquidos de los otros, las respiraciones. Piensa en Gregoria, pero aparta su imagen de la cabeza, como si huyera de las cosas bonitas.

Una luna tímida se oculta tras las nubes. Puede que llueva, se dice, y mira hacia las montañas.

Se siente solo. Siempre ha estado solo.

¿Y qué peso puede tener una palabra, muerte, cuando ya no se tiene nada, cuando ya se ha muerto de tantas formas? No lo sabe. Y no quiere responderse. Ha dejado los papeles de Anenecuilco en manos de *Chico* Franco, para que los cuide. En una ceremonia íntima lo ha nombrado *calpulelque*.

¡Qué pocos los que no lo han traicionado!

¿Cuántos por miedo o por cansancio o por hartazgo? ¿Cuántos porque sólo hacían la revolución para conseguir posiciones y fama, como Palafox? Le queda Palacios, el *Gordito* Magaña, De la O, Salgado, Soto y Gama. ¡Qué pocos! ¡Y qué pocos hombres para ganar la lucha!

Esa noche se dice que a él no le tocará ver el triunfo de su revolución. Tal vez a otros, pero no a mí.

¿Quién sabe de madrugada? Ahuyenta sus pensamientos. Escucha un coyote que se queja. La luna aparece por unos minutos, se cuela entre las nubes, se asoma y alumbra la tierra.

¿Quién me empuja?, se dice. ¿Quién me llama?, se dice.

Canta la noche su extraña obertura desacompasada. Un tecolote cerca le anuncia malas noticias. Es un presagio que no quiere escuchar.

Va desapareciendo la noche, poco a poco mientras él cierra los ojos, se va haciendo muda.

Mata a una araña que sube por su mejilla. La tiene entre su dedos y luego la aplasta y la arroja como se arroja una vida mal vivida.

Al final se hace el silencio.

◦ ◦ ◦

Pero no del todo.

Allí tiene otro sueño. Es el mismo niño que siempre aparecía en la iglesia. Sólo que ahora muchas mujeres lloran. Él se encuentra enmedio. Enmedio de la sangre.

Como otras veces en la pesadilla hay balazos y se escucha la pólvora, se huele la pólvora. La pólvora sabe a azufre, como si fuera del infierno. Hay música. Emiliano no puede ver de dónde sale, no hay ningún órgano en esa pequeña capilla, pero él lo escucha.

Empieza a llorar.

Una curandera se le acerca. Le toca el cabello y se le queda mirando como lo veía su madre.

Miliano, no vayas.

¿A dónde?

A tu muerte.

* * *

En el alba del 10 de abril Emiliano Zapata y su escolta dejan el campamento y montan hacia Chinameca. Conoce el lugar como la palma de su mano. Con su tren de mulas ayudó en la construcción, allí tuvo lugar su primera escaramuza contra el administrador Carriles, allí escapó de la muerte en una emboscada federal corriendo por los cañaverales hacia Puebla.

Apenas unos cincuenta kilómetros al sur de Villa de Ayala.

Había cabalgado esas veredas para vender ganado. Allí se refugiaba y cazaba y en Los Sauces tenía un campamento de montaña por si había que esconderse.

Ya han comenzado las lluvias. Es un jueves. A las ocho y media de la mañana abandonan la montaña con rumbo a Chinameca.

Afuera de la hacienda habían apostado varias tiendas. En una de ellas Guajardo y Zapata conversan acerca de municiones, de cómo se llevarán la carga al cuartel. Pronto se interrumpe la plática.

Un parte le indica a Guajardo que hay federales acercándose. Emiliano Zapata ordena a Guajardo que defienda la hacienda mientras él envía patrullas de sus propios hombres a reconocer el terreno.

Una de esas patrullas la comanda él mismo, montado en *As de Oros*, a quien ya empieza a conocer. No hay señales del enemigo, pero Emiliano coloca centinelas en los distintos puntos y regresa a las afueras de la hacienda.

Es la una y media de la tarde. Las tropas de Guajardo se encuentran dentro. Las de Zapata están afuera, a excepción de Palacios que parlamenta con Guajardo la entrega de las municiones.

Zapata espera. Eso ha hecho todo ese tiempo.

Guajardo lo manda invitar a comer, pero él prefiere aún aguardar. Poco después lo vuelven a invitar. Tacos y cervezas.

> *Luego cesó la alarma, todo quedó tranquilo,*
> *era el último acto de aquel drama fatal;*
> *mandó que lo invitaran el capitán Castillo*
> *para que le entregara el parque prometido.*
> *Aquel noble Espartaco marchó sin vacilar.*

Han cabalgado mucho. Zapata está impaciente. A las dos de la tarde con diez minutos se monta en *As de Oros* y ordena que diez hombres lo acompañen a la puerta de la hacienda.

> *Le dijo a su asistente: Ve y tráeme mi caballo,*
> *que el coronel me llama a su cuartel de honor.*
> *Con diez de sus jinetes se fue a ver a Guajardo,*
> *que siempre los valientes no temen al menguado*
> *porque su escudo de armas sólo es el pundonor.*

Los demás hombres, confiados, con las carabinas enfundadas, sombreándose bajo los árboles.

Una guardia está allí formada para brindarle los honores al general Zapata. El clarín toca tres veces cuando avanza. Al apagarse la última nota, apenas frente al dintel de la puerta los soldados que presentan armas descargan sus fusiles sobre el cuerpo del general, que cae del caballo.

Muerto. Acribillado. Caen también sus tres generales de división: Gil Muñoz, Zeferino Ortega y Jesús Capistrán.

Todos allí en la tierra, con las ropas en jirones. Matados a quemarropa. Charcos de sangre esos hombres.

> *Cuando tuvieron nota que el general llegaba,*
> *la banda de clarines le dio el toque de honor,*
> *la guardia presurosa al verbo presentó armas,*

después se oyó la odiosa y fúnebre descarga
cayendo el invencible Zapata, ¡oh qué dolor!

A los de Zapata no les da tiempo de recoger el cadáver, que meten a la hacienda los soldados. Empiezan los disparos contra los del sur, que huyen hasta Los Sauces.

El propio Guajardo le dispara a Palacios. Los últimos dos de la escolta de Emiliano que quedan vivos son rematados allí mismo.

En pocos minutos no hay rastro de ningún zapatista en los alrededores de Chinameca. Jesús Guajardo amarra el cuerpo sin vida de Emiliano Zapata a una mula y espera un tiempo razonable para salir con su columna.

Dos horas. Dos horas que son eternas.

Luego avanza y manda avisar a González que la misión ha sido cumplida. Aun así Pablo González no puede creerlo. Sospecha una trampa del propio Zapata, ¿cómo saber que no es el cadáver de Guajardo el que traen amarrado?

A las nueve de la noche, ya oscuro, los hombres de Jesús Guajardo llegan a la ciudad con el cuerpo de Emiliano Zapata.

Pablo González tira el cadáver al pavimento y examina su rostro con una linterna. Es Emiliano Zapata.

Al ver Pablo González llegar al vencedor
trayendo al que luchaba constante y varonil;
¡oh, cuántas atenciones al fin le prodigó!
condecorando, innoble, su astucia y cruel valor
porque su limpia espada nunca supo medir.

Envía un cable de inmediato a Carranza desde su despacho, recomendando que Jesús Guajardo sea ascendido a General de Brigada y se llevan el cadáver que ya es visto por una multitud que se jalonea al cuartel, donde el propio Eusebio Jáuregui, el que había mandado a Zapata una recomendación para Guajardo, lo reconoce muerto, es Emiliano Zapata, qué duda.

González prepara el espectáculo, lleno de publicidad. Hace pasear el cadáver. Miles llegan a verlo. Ninguno puede creer que de verdad ha muerto Miliano. Incluso dos de sus hermanos arriban a Cuautla. Las mujeres lloran. Es como ver a su propio padre muerto.

> Varios hombres lloraban al ver el triste fin
> del hombre que luchaba por un bien nacional,
> las mujeres trocaban en rabia su gemir
> al ver la declarada traición de un hombre vil
> que hablarle cara a cara no pudo en lance tal.

Desaparecido Zapata, el zapatismo ha muerto, declara Pablo González, equivocado como siempre.
En un árbol del Jardín Borda alguien graba el primer anónimo al día siguiente: *Rebeldes del sur, es mejor morir de pie que vivir de rodillas.*

> Zapata fue el bandido para la alta aristocracia
> mas a la vez ignoro su criminalidad;
> en su panteón lucido un ángel se destaca,
> trayendo así en su mano, un libro lee entusiasta:
> "La tierra para todos y el don de libertad".

> El año diez y nueve, el mes de abril por fecha,
> murió el jefe Zapata como bien lo sabrán
> del modo más aleve, en San Juan Chinameca,
> a la una y media breve de esa tarde siniestra
> dejando una era grata así a la humanidad.

Tres días con sus noches el cadáver de Emiliano descansa sin sosiego, a la intemperie. El cuerpo se descompone, abotaga, se hincha. La boca parece cubrirle toda la cara: una inmensa costra la cubre, llena de moscas, zumban, chupan sangre, pero la sangre ya también es una masa purulenta, un negro charco agrietado como la tierra. Sangre que tampoco es de nadie, ni siquiera del cadáver allí dormido, nunca más despierto.

Tres días, las caras de los soldados como buitres, el cuerpo de Zapata su carroña. Las lágrimas de las mujeres también secas, no hay más agua. No hay más lluvia. El polvo regresa al polvo, pero tampoco lo alimenta. Pablo González es un alacrán que morirá también poco después picado por su propio veneno. Eusebio Jáuregui igual será asesinado, quién sabe para qué luego de tanta muerte. Tres días sobrevivirá a su antiguo general.

Tres días con sus noches silbando su muerte, como todos los otros. La misma historia, el mismo corrido.

Es hora de gemir con toda el hacha, con todo el machete. Es entonces el año del sollozo, la noche del costado, el siglo del resuello.

Monótonos satanes brincan del flanco del cadáver. Tampoco saben para qué reír. Hay gentes tan desgraciadas que ni siquiera tienen cuerpo. Se rascan el sarcófago en que nacen y suben por su muerte de hora en hora.

Pronto, todos hablan del aire, a voces, hablan despacio del relámpago. Acaban los destinos en bacterias.

Primero muy quedo y luego a gritos, a gritos que nadie oye, aúllan feroces: ¡Zapata no ha muerto! ¡Zapata vive!

Antífona

Aquí yace… bla, bla, bla.
¿Qué esperas? No hay nada real
salvo tu propia muerte.

Toma tus cosas y vete. Arroja
el libro.
Ve, date una vuelta.
Haz algo de provecho.

La historia ya ha sido contada. Se
han ido los cantores.
El corrido nunca termina.

AGRADECIMIENTOS

Una novela como ésta se halla en deuda con tantas personas y libros que resulta una especie de palimpsesto. A Andrés Ramírez debo la idea y el acicate, ¿cuál primero? Sin la generosa hospitalidad y la amistad insobornable de Jorge Alberto Lozoya y Fernando Ondarza quienes además de su paciencia me facilitaron el pequeño paraíso de Tonaltepec, jamás se hubiese terminado el libro. A Jorge Alberto y su inteligencia este libro le estará siempre en deuda, además. Meses de ardua labor de archivista en la ahora ya copiosa historiografía zapatista tenían que encontrar un orden. Rosa Elena Temis me ayudó a elaborar una cronología comentada casi diaria que pudiera representar una especie de cartografía fidedigna del libertador del sur. Sin esa meticulosa reconstrucción que también abrevó de la frondosa biblioteca de mi padre jamás habría podido aventurarme a una empresa que se antojaba colosal, desmesurada. Lo mismo Gildardo Magaña que su hemeroteca de *Regeneración*, Sotelo Inclán y su *Raíz y razón de Zapata* junto con rabiosos libros antizapatistas que pese a su inoperancia histórica de pronto sueltan un dato curioso (Blanco Moheno, Ayala Anguiano y mucho antes Miguel Ángel Peral).

Sin embargo debo confesar que llevo dos décadas leyendo el único libro insuperable sobre Emiliano Zapata, el de John Womack Jr. *Zapata y la revolución mexicana*; sigue pareciéndome la empresa historiográfica más refinada y me produce nuevas preguntas sobre México, a quien Womack entendía tan bien. Llegué a ella, como a tantas cosas, gracias a Carlos Fuentes y su *Tiempo mexicano*, donde lo reseña recién aparecido. Fuentes ya sintetiza la empresa zapatista en una frase que es punto de partida y regreso a casa: sería tentador interpretar la historia de México como una lucha entre textos sagrados y realidades profanas. A esta idea arriba, después de la lectura de Womack y de su visita en 1962, a Morelos, donde se entrevista con el secretario de Rubén Jaramillo después del asesinato del líder. Casi cincuenta años después de la muerte de Zapata, el viejo suave y trigueño que los recibe entra a la casa y regresa con una carpeta negra entre las manos para decirles: *Éstos son nuestros títulos sobre las tierras comunales de Tlalquiltenango. La tierra siempre fue nuestra. El rey de España así lo reconoció. Pero las tierras nos fueron arrebatadas. Zapata luchó por recuperarlas. Aquí está la firma de Miliano. Ellos no tienen estos papeles. Nosotros sí. Estos papeles prueban nuestro derecho a existir. Están en mi custodia, y nunca los perderé, aunque me cueste la vida.* Al día siguiente el secretario de Jaramillo había desaparecido con su vieja carpeta, protegiéndola. Fuentes entonces apunta no sólo que todos somos zapatistas, que la deuda no está pagada (ni siquiera ahora) sino que los títulos eran más fuertes que el crimen, más fuertes aun que la justicia porque *la justicia misma sólo podía fundarse sobre ese pedazo de papel firmado por un antiguo padre, el rey, y por un hermano sacrificado, Zapata.*

Es verdad lo que afirmaba Gastón García Cantú: en Anenecuilco se abre, como una herida, la historia del país. Las últimas investigaciones, si bien arrojan nuevos datos y sobre todo interpretaciones particulares, deben a Womack toda su razón de ser. Lo mismo la curiosa *Villa and Zapata* de Frank McLynn que la espléndida biografía política de Samuel Brunk: *Emiliano Zapata, Revolution and Betrayal in Mexico*. Pero la reconstrucción más completa y pormenorizada del ejército libertador del Sur se la debemos a un mexicano. Ha sido Francisco Pineda Gómez primero en su *La irrupción zapatista, 1911* y luego en el segundo tomo de una trilogía esperada, *La revolución del sur, 1912-1914* quien mejor ha abrevado en el archivo oral hasta generar la más coherente revisión de la irrupción y la resistencia zapatistas.

A pesar del prurito de la verdad, al novelista le preocupa más la verosimilitud. Y que conste que detesto esa idea de que el novelista escribe la verdad de las mentiras. El verdadero novelista construye verdades otras, simbólicas, que vienen a arropar el edificio incompleto de la imposible Verdad con mayúsculas. Le preocupa el alma humana, además. Las razones atrás de las acciones. Yo también hice mis *Apuntes de Sebastopol*, al estudiar con cuidado la novela de Ernst Hemingway sobre la primera guerra mundial y descubrir que la falsa autobiografía (aún ahora muchos creen que el muchacho que conducía la ambulancia en el frente italiano es el mismo de la novela, *Adiós a las armas*) es una reconstrucción a toro pasado. Hemingway no estuvo nunca en ese frente ni presenció esas batallas, aunque sí había leído con cuidado a Stephen Crane, quien tampoco vivió la guerra que narra en su espléndida novela corta *The Red Badge of Courage*. Necesitaba encontrar la temperatura y el tono de esta novela y aborrecía de antemano el aliento épico que me impedía acercarme a un Zapata más humano. La viñeta, el fragmento, el pequeño recuadro vinieron entonces a sustituir la gran escena a lo *Rojo y negro*. Necesitaba acercarme a la atmósfera y requería un obsesivo *close-up* que me llegó por eliminación no por acumulación, subterfugio clásico de la novela histórica. El libro de Michael S. Reynolds, *Hemingway's First War* sirvió a ese empeño.

Y esa oralidad no podía venir sino del corrido que es una instantánea, no un largometraje. Hay una estética particular del corrido revolucionario, en especial del corrido zapatista sobre la que no voy a abundar aquí pero que ejemplifica como ninguno Marciano Silva. Lo que enseña el corrido es que todas las historias son una sola, la misma siempre y que sólo cambian los nombres o los héroes, el escenario y las épocas. Con sus octosílabos del romancero el corrido mexicano es una biografía de lo marginal que sigue vigente hoy en el norte como si no hubiese pasado un día de la muerte de Francisco Villa. La máscara es nueva, es cierto, la de Malverde o el narco en turno pero eso no importa. Todos los ríos conducen al mismo lugar, la muerte, nos repite con monótona sabiduría. De allí la idea de la Antífona final, curioso oxímoron: se trata de iniciar de nuevo el camino, el corrido, de no cerrar el capítulo sobre Zapata. Entre otras cosas porque la historia de México no ha sabido hacerle justicia.

El respaldo de Miguel Maldonado fue indispensable cuando ya deseaba tirar la toalla y veía la empresa imposible. Luis Foncerrada me ayudó a tener más concentración que la de un haikú y me brindó también su firme amistad de marinero. Jorge Volpi en su ausente presencia e Ignacio Padilla en su presencia ausente colaboraron también en buena parte en este proyecto con su amistad que va mucho más allá de lo literario.

Gracias a mi amigo Adalberto Ríos Szalay entré en contacto con las investigaciones sobre el corrido zapatista de Carlos Barreto Mark, a quien le debemos también un excepcional fonograma con el que esta novela guarda una profunda deuda. El propio Adalberto me puso en contacto con otros cancioneros morelenses.

Y *last but not least* la enseñanza diaria durante seis años de Melquíades Morales, de La Ceiba a Ayoxuxtla, de la Sierra Negra a Xicotepec, y en medio de un terremoto que nos cimbró el alma en 1999 fue un aliciente en el recuerdo. Me mostró como acicate que este país sigue siendo una herida abierta y así lo recordé cuando recorría la ruta de Zapata por Morelos, Guerrero y Puebla y veía secos, enjutos, a esos campesinos que, si bien son los juncos pensantes que quería Pascal, también son los mismos olvidados que sólo tenían unos papeles, la propiedad de sus tierras, como justificación de sus existencias en medio de la nada y del polvo. ¿Y ahora?

Durante muchos meses quise sólo narrar la arcadia morelense del año y pico en que Zapata repartió las tierras en su estado. La utopía posible en donde texto y realidad se hicieron uno solo. Pero la guerra de tribus casi nómadas que fue la Revolución mexicana requería de una dilatada narración para justificarse. Lo que derrumbó esa utopía fue una batalla entre tribus: la nacional de los constitucionalistas —la de la burguesía y de los comerciantes que construyeron una nación única como si fuese lo mismo un yaqui que un maya— y la pequeña revolución local del sur que no supo ver, tampoco, que sus reclamos no eran los de todos.

La dignidad y el esfuerzo de Zapata y el pacto final de Gildardo Magaña con Álvaro Obregón no pueden dejar de pesar como una lápida en medio de esta vasta geografía histórica dejando abandonada la sangre de miles de ojos en el puñal. Si acaso es cierto que Zapata se entrega a Guajardo para salvar a Morelos entonces el *Gordito* supo muy bien que no se trataba de una rendición sino de la posibilidad de que algún día la reforma agraria fuera más que unas frases del Plan de Ayala.

A punto de terminar el manuscrito, Michel Maffesoli soltó en la Universidad de las Américas Puebla una frase que hizo cimbrar toda la novela: la modernidad es un drama, es lineal y tiene sentido de finalidad. La posmodernidad, o lo que vanamente llamamos así, es una tragedia y no conoce objetivo ni sentido. Espero haber hecho honor a sus ideas.

En Tonaltepec, abril de 2006

CRONOLOGÍA

1879. Emiliano Zapata nace el 8 de agosto, en Anenecuilco, Morelos.

1880. Manuel González sube a la silla presidencial. Se difunde el pensamiento anarquista extranjero.

1881. Comienza el protocolo para establecer el Banco Nacional de México. Se inaugura la vía ferroviaria México-Cuautla.

1882. Anenecuilco entra en conflicto con la hacienda El Hospital por el despojo de tierras.

1883. Se establece la Ley de Colonización y Deslinde de Terrenos Baldíos. El ferrocarril Interoceánico llega a Yautepec.

1884. Elección de Porfirio Díaz como presidente de México.

1885. Surgen los primeros conflictos entre Anenecuilco y la hacienda de Cuauhuixtla.

1888. La Constitución de 1857 es reformada para permitir la reelección de Porfirio Díaz.

1889. Declaración de la educación pública, laica, obligatoria y gratuita, así como de la Ley de Tierras Baldías.

1890. Reforma de la Constitución para permitir la reelección indefinida de Díaz. La vía ferroviaria llega a Jojutla.

1891. Estallan conflictos territoriales entre Guerrero y Morelos.

1892. En el manifiesto de la Convención Nacional Liberal se estipula la nueva reelección de Díaz.

1893. Revuelta en Tomóchic. Inauguración del ferrocarril México-Cuernavaca.

1894. Primer superávit de la cuenta pública, consecuencia de la entrada de más capital extranjero.

1895. Varias poblaciones morelenses sufren de nuevos despojos a causa de las haciendas. Mueren los padres de Zapata.

1896. Las sequías provocan una grave crisis agrícola. Llegan el cinematógrafo y el alumbrado eléctrico a la ciudad de México.

1897. Aprehenden por primera vez a Zapata. Inauguración de la locomotora México-Cuernavaca-Pacífico.

1898. Primer viaje del ferrocarril peninsular en Yucatán.

1899. Se construye el puerto de Manzanillo. Las inversiones petroleras continúan.

1900. Sale a luz el periódico *Regeneración*, dirigido por Ricardo y Jesús Flores Magón.

1901. Clausura del periódico *Regeneración*; encarcelamiento de los hermanos Flores Magón. Detona la primera huelga ferrocarrilera. La Mexican Petroleum inicia la perforación de 19 pozos petroleros.

1902. Los hermanos Flores Magón salen libres y publican *El Hijo del Ahuizote*.

1903. El Banco de Morelos abre sus puertas.

1904. El periodo presidencial se extiende a seis años. Los hermanos Flores Magón siguen su revuelta desde Estados Unidos.

1905. Crisis económica en México. Huelga de los mineros en Cananea. Zapata participa en una comisión para auxiliar al pueblo de Yautepec en los problemas que tiene con la hacienda de Atlihuayán.

1906. En asamblea realizada en Anenecuilco, Zapata es elegido representante de su pueblo para seguir la lucha por la restitución de tierras. Los ancianos le entregan los documentos de la comunidad.

1907. Matanza de obreros huelguistas en Río Blanco, Veracruz.

1908. James Creelman realiza una entrevista a Porfirio Díaz y la publica en la revista *Pearson's Magazine*. Díaz expone las razones para su reelección indefinida, y los triunfos de su gobierno. Anuncia que México está listo para la democracia.

1909. Díaz y Corral se postulan a la presidencia y vicepresidencia. Francisco I. Madero organiza el Centro Antirreeleccionista. Para el estado de Morelos, Zapata participa apoyando al candidato independiente Patricio Leyva. El candidato oficialista Pablo Escandón gana las elecciones.

1910. Zapata reparte las tierras del llano de Huajar. En diciembre vuelve a hacerlo en Anenecuilco, Villa de Ayala y Moyotepec.

1911. Se expide el Plan de Ayala. Zapata asume el mando de las fuerzas maderistas. Establece su cuartel general en Cuautlixco.

1912. El gobierno de Madero se deteriora. Zapata se niega a desarmar sus tropas. Madero manda al Ejército federal contra los guerrilleros. Estados Unidos envía tropas a la frontera. Se funda la Casa del Obrero Mundial. Se abre la Escuela Libre de Derecho.

1913. La Decena Trágica en la ciudad de México. Asesinato de Madero. Proclamación del Plan de Guadalupe. Se reforma el Plan de Ayala. Se forma el Comité Femenil Pacificador por la paz del país. Francisco Villa se levanta en el norte.

1914. En marzo las fuerzas zapatistas toman Chilpancingo. Estados Unidos invade el puerto de Veracruz. En abril renuncia Huerta a la presidencia y huye en julio. Obregón entra a la ciudad de México en agosto. En octubre la Convención revolucionaria de Aguascalientes se declara por el Plan de Ayala. Nombran a Emiliano Zapata jefe de la revolución, en sustitución de Pascual Orozco. Se solicita que los preceptos en materia agraria de dicho plan tengan valor constitucional. Las tropas estadounidenses parten en noviembre. Avanzan Villa y Zapata con sus ejércitos y ocupan la capital, obligando a Carranza a retirarse a Veracruz. En diciembre se reúnen Villa y Zapata en la ciudad de México por primera y última vez. Nombran al general Eulalio Gutiérrez presidente.

1915. Carranza realiza una incipiente reforma agraria. Álvaro Obregón derrota a Villa. El gobierno de la Convención se traslada a Toluca. Carranza recobra la ciudad de México. Estallan dos guerras contra los elementos insurgentes radicales: Carranza contra Zapata en el sur y Obregón contra Villa en el norte. Para octubre, los constitucionalistas dominan el país y Estados Unidos reconoce su gobierno e impone un bloqueo de armas contra los elementos insurgentes.

1916. Carranza presenta el proyecto de reformas a la Constitución. Zapata lanza un Manifiesto al Pueblo Mexicano, en Quilamula el 10 de julio.

1917. El 5 de febrero se promulga en Querétaro la nueva Constitución. Las elecciones se celebran en marzo y gana Carranza. Es el primer presidente legalmente elegido desde Madero en 1911, aunque nadie participa en la oposición. La guerra contra villistas y zapatistas continúa. Asesinan a Eufemio Zapata en una reyerta.

1918. Los carrancistas toman Cuernavaca. En mayo defecciona Manuel Palafox, hombre clave de la revolución del sur.

1919. Zapata es asesinado antes de cumplir los 40 años de edad.

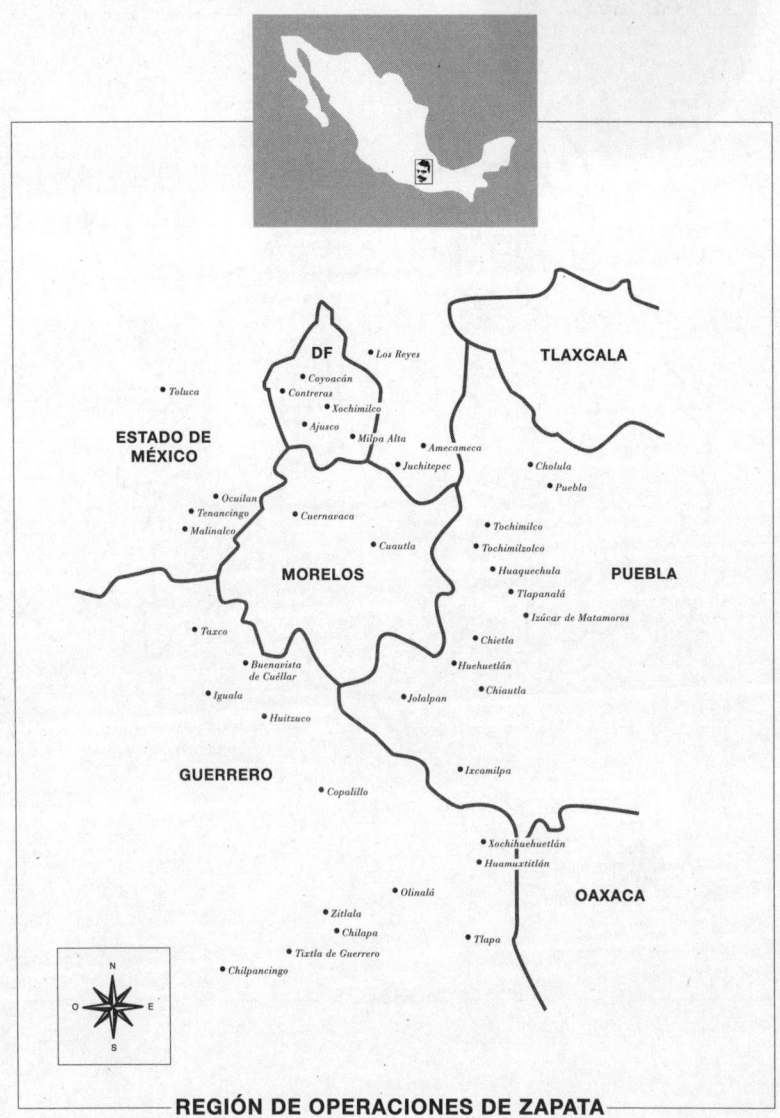

REGIÓN DE OPERACIONES DE ZAPATA

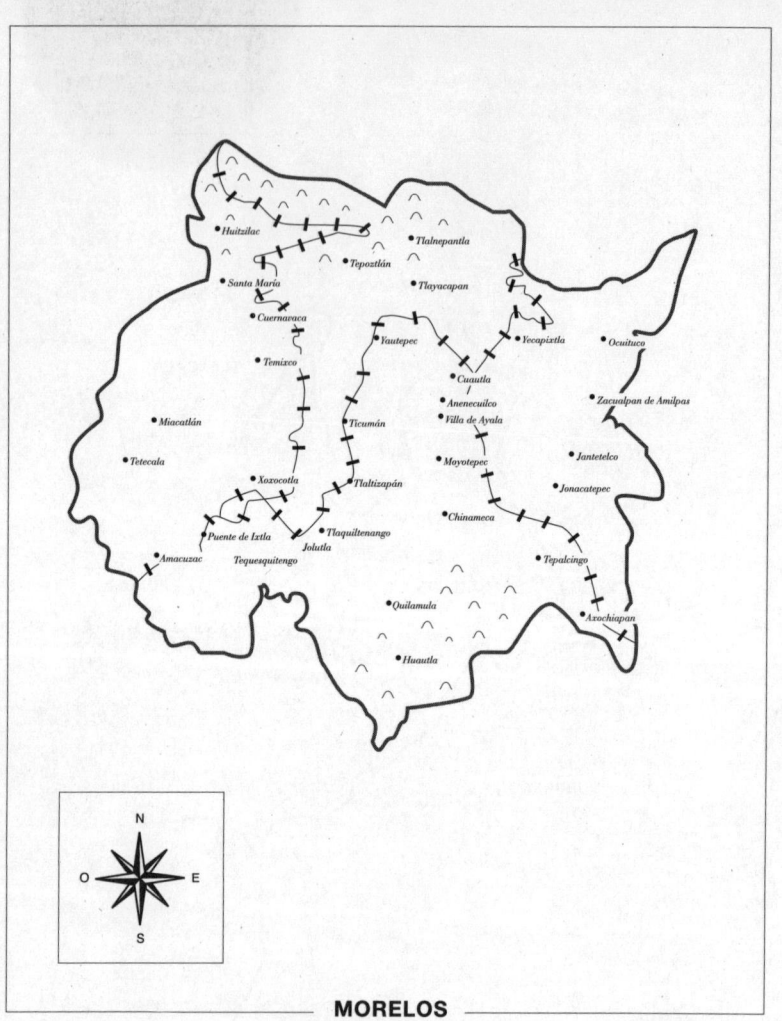

Huitzilac
Tlalnepantla
Tepoztlán
Santa María
Tlayacapan
Cuernavaca
Yautepec
Yecapixtla
Ocuituco
Temixco
Cuautla
Zacualpan de Amilpas
Anenecuilco
Miacatlán
Ticumán
Villa de Ayala
Tetecala
Moyotepec
Jantetelco
Xoxocotla
Jonacatepec
Tlaltizapán
Puente de Iztla
Chinameca
Tlaquiltenango
Amacuzac
Jolutla
Tepalcingo
Tequesquitengo
Quilamula
Axochiapan
Huautla

N
O   E
S

MORELOS

212

Bibliografía no tan sumaria

Ayoyuxtla de Zapata, precursora de la revolución agraria de México, Puebla, Gobierno del estado de Puebla, 1979.

BARRETO MARK, Carlos, *Los corridos de Marciano Silva*, Cuernavaca, Gobierno del Estado de Morelos, 1984.

_____ *Corridos zapatistas. Fonogramas y texto de presentación*, México, Instituto Nacional de Antropología e Historia, 2002.

BLANCO MOHENO, Roberto, *Zapata*, México, Editorial Diana, 1970.

BRUNK, Samuel, *¡Emiliano Zapata! Revolution and Betrayal in Mexico*, Albuquerque, University of New Mexico Press, 1995.

CHÁVEZ PERALTA, Saúl. *Emiliano Zapata. Crisol de la Revolución mexicana*. México, Editorial Renacimiento, 1972.

CUESY, Silvia L., *Emiliano Zapata*, México, Planeta, 2002.

ESPEJEL, Laura (et al), *Emiliano Zapata. Antología*, México, Instituto Nacional de Estudios Históricos de la Revolución Mexicana, 1988.

FABELA DE, Josefina E., *Emiliano Zapata, el Plan de Ayala y su política agraria*, México, Editorial Jus, 1970.

GARCÍA VELAZCO, María Guadalupe (comp.), *Corridos morelenses,* México, CONACULTA-Gobierno del estado de Morelos, 1990.

_____ *Los señores del gusto,* México, Morelos-PACMYC-CEHSEM, 1995.

GILL, Mario, *Episodios mexicanos. México en la hoguera*, México, Editorial Azteca, 1960.

HARRER, Hans-Jürgen, *Raíces económicas de la revolución mexicana*, México, Ediciones Taller Abierto, 1979.

KING, Rosa E., *Tempest over Mexico,* Boston, Little Brown and Company, 1938.

KNIGHT, Alan, *The Mexican Revolution*, 2 vols, Cambridge, Oxford Unuversity Press, 1986.

KRAUZE, Enrique, *El amor a la tierra. Emiliano Zapata*, México, Fondo de Cultura Económica, 1987.

LEÓN-PORTILLA, Miguel, *Los manifiestos en náhuatl de Emiliano Zapata*, México, UNAM, 1978.

LÓPEZ CASTRO, Rafael y Alba C. de Rojo, *Zapata iconografía,* México, Fondo de Cultura Económica, 1996.

LÓPEZ GONZÁLEZ, Valentín, *Los compañeros de Zapata*, México, Colección "Tierra y Libertad", Gobierno del estado de Morelos, 1980.

LÓPEZ, Chantal y Omar Cortés (comps.), *Emiliano Zapata. Cartas*, México, Ediciones Antorcha, 1987.

MAGAÑA, Gildardo, *Emiliano Zapata y el agrarismo en México*, Instituto Nacional de Estudios Históricos de la Revolución Mexicana, 1985.

MARTÍNEZ ESCAMILLA, Ramón, *Escritos de Emiliano Zapata (1911-1918),* México, Editores Mexicanos Unidos, 1978.

MC LYNN, Frank, *Villa and Zapata. A History of the Mexican Revolution*, New York, Carroll and Graf Publishers, 2001.

MENA, Mario, *Zapata*, México, Editorial Jus, S.A., 1959.

MOLINA ENRIQUEZ, Andrés, *Los grandes problemas nacionales 1909. Y otros textos, 1911-1919*, México, Ediciones Era, 1978.

_____, *La revolución agraria de México. 1910-1920*, México, Tomo III, IV y V, México, Miguel Ángel Porrúa, 1986.

PALACIOS, Porfirio, *Emiliano Zapata. Datos biográfico-históricos*, México, Libro Mex Editores, 1960.

PERAL, Miguel Angel, *El verdadero Zapata*, México, Editorial PAC., 1975.

PINEDA GÓMEZ, Francisco, *La irrupción zapatista. 1911*, México, Ediciones Era, 1997.

_____, *La revolución del sur. 1912-1914*, México, Ediciones Era, 2005.

RUDENKO, B.T. (et al)., *La revolución mexicana. Cuatro estudios soviéticos*, México, Ediciones de Cultura Popular, 1978.

STEINBECK, John, *Zapata*, New York, Penguin Books, 1991.

TARACENA, Alfonso, *La Verdadera Revolución mexicana*, México, Editorial Porrúa, 1960.

VELAZQUEZ ESTRADA, Rosalía. *Emiliano Zapata*, México, Serie de Cuadernos Conmemorativos. Comisión Nacional para las Celebraciones del 175 Aniversario de la Independencia Nacional y 75 Aniversario de la Revolución mexicana, número 19, Instituto Nacional de Estudios Históricos de la Revolución Mexicana, 1985.

WOMACK, John, Jr., *Zapata y la Revolución mexicana*, México, Siglo Veintiuno XXI Editores, 1989.

Zapata y el Plan de Ayala, México, Centro de Estudios Históricos del Agrarismo en México,1981.

Índice